Nicole d'Almeida
Thierry Libaert

LA COMMUNICATION INTERNE DE L'ENTREPRISE

5e édition

DUNOD

ISBN 978-2-10-051341-3

Sommaire

Avant-propos 7

Chapitre 1
Rôle et place
de la communication interne

I. Communication interne et communication globale 9
1. Les champs de la communication d'entreprise 9
2. L'impératif de cohérence 12
3. Organisation de la fonction 14

II. Les circuits de communication interne 17
1. Le circuit hiérarchique 18
2. Le circuit des instances représentatives 20
3. Le circuit de la communication interne 23

III. Les objectifs de la communication interne 24
1. Au service du projet d'entreprise 26
2. Accompagner et conseiller le management 27
3. Relier et unifier 28

Chapitre 2
Les outils
de la communication interne

I. Les moyens écrits 31
1. Le journal d'entreprise 32
2. Les outils traditionnels 43

II. Les moyens oraux 52
1. La communication de proximité 52
2. La gestion des réunions 57

III. Les supports techniques 63
1. Les supports traditionnels 63
2. Intranet et la communication électronique 66
3. Le journal téléphoné 71
4. La vidéotransmission 72
5. Les techniques au service des réunions 73
6. L'audiovisuel 75

Chapitre 3
L'audit de communication interne

I. Audit et régulation sociale de l'entreprise 78
1. De quoi parle-t-on ? 78
2. Mesurer la communication interne 80

II. Méthodologie de l'audit 86
1. Les principales techniques d'enquête 87
2. La constitution d'un échantillon 89

III. Du bon usage de l'audit 90
1. Les conditions de validité 90
2. Audit et information ascendante 92
3. Que peut-on attendre d'un audit ? 93

Chapitre 4
Le plan de la communication interne

I. Déontologie et plan de communication 95
1. Déontologie de la profession 95
2. Caractéristiques du plan de communication interne 97

II. La démarche globale 99
1. Partir de l'existant 99
2. Un exemple 102
3. La mise en œuvre du plan 105

III. Problèmes actuels de la fonction et perspectives d'avenir 107
1. Concilier temps long et temps court, global et local 107
2. Les nouveaux champs de la communication interne 113

Bibliographie 125

Index 127

Avant-propos

Ce livre part d'un postulat : celui de l'absence d'autonomie de la communication interne. Celle-ci dépend étroitement de deux champs de compétence de l'entreprise :

– la communication externe parce que toute communication externe commence ou passe par la communication interne et qu'il existe un continuum opérationnel entre les deux. L'essor des politiques de communication externe concrétisé par la création de directions de la communication dans toutes les grandes entreprises et organisations a eu un effet d'entraînement sur le développement de la fonction communication interne et de ses techniques (communication financière interne, communication de crise, etc.) ;

– le management et la politique de ressources humaines car la communication interne n'a d'efficacité que si elle est accompagnée par une politique de relations humaines concordante et par un appui du management de l'entreprise. À défaut de cette connexion, la communication interne s'apparenterait rapidement à une simple politique d'information descendante dont les effets seraient limités.

Ceci explique qu'en termes organisationnels, la communication interne trouve indifféremment son rattachement à la direction de la communication ou à la direction des ressources humaines sans qu'il soit possible de trancher en faveur d'une solution par rapport à une autre.

Entre les deux positions extrêmes que sont la traduction interne d'une politique de communication externe et la « voix de son maître », ce livre propose de situer les contours, les possibilités et les nouveaux défis de la fonction communication interne.

L'évolution du contexte économique et social conduit à un repositionnement de la fonction. Fusions, réingénierie, internationalisation et pression croissante de la logique financière conduisent à des décisions qu'il est de plus en plus difficile d'expliquer en interne. Par ailleurs, la multiplication des statuts des salariés, le retour du doute voire de la méfiance génèrent une relation distanciée des salariés à l'égard de leur entreprise. Dans ce cadre, le rôle de la communication interne est à la fois plus important et plus complexe. Cela suppose que l'intégralité des paramètres propres à favoriser la contribution des salariés aux objectifs de l'entreprise soit mise en œuvre.

La communication interne n'a de légitimité que si elle sait faire preuve de professionnalisme et d'intelligence économique et sociale. Ce livre rompt avec les approches techniciennes de la communication interne qui ne saurait être réduite à la mise en œuvre de quelques outils, si sophistiqués et si modernes soient-ils. Il permet de comprendre les conditions de réussite et de crédibilité de cette forme de communication, ces conditions engageant autant l'amont (définition des objectifs et construction d'une stratégie) que l'aval (évaluation des actions dans un contexte de multiplication et réorganisation des moyens d'information revus par le développement des moyens électroniques).

Chapitre 1

Rôle et place de la communication interne

La communication interne est une des déclinaisons de la communication d'entreprise. Elle est la composante d'un système global d'organisation des flux d'information et des échanges visant un équilibre informationnel et relationnel. Sa particularité réside moins dans les techniques de communication utilisées que dans la cible visée, soit l'ensemble des salariés d'une entreprise, et dans les objectifs particuliers qui sont poursuivis.

En entreprise plus qu'ailleurs, l'information, qui est la matière première de la décision, n'est pas donnée mais elle est construite. La communication d'entreprise peut être définie comme la production d'informations sur le milieu interne et externe et comme la création d'interfaces.

I. COMMUNICATION INTERNE ET COMMUNICATION GLOBALE

La communication interne ne peut être ni conçue ni pratiquée de manière indépendante. Elle accompagne la stratégie de l'entreprise, c'est-à-dire le projet économique, social et financier.

1. Les champs de la communication d'entreprise

La communication d'une organisation (entreprise, administration, association) recouvre un ensemble de structures et de procédures :

– elles lui permettent de se situer et de se positionner dans son environnement ;

– elles ont pour fonction l'émission, l'écoute et l'échange de messages ;

– elles visent à adapter le projet de l'organisation, ses produits ou ses procédures aux contraintes, opportunités et menaces émanant de son environnement ;

– elles ont pour objectif d'influencer les représentations et comportements des interlocuteurs.

La communication des organisations engage une globalisation de l'action, une coordination des messages, des moyens et des publics qui réconcilient les différentes facettes de l'entreprise.

Ses composantes sont détaillées ci-dessous.

- **La communication financière : l'entreprise titre**

Cette forme de communication est destinée à créer et à entretenir des liens de confiance mutuelle entre l'organisation et ses actionnaires (présents et futurs) ainsi que les différents intervenants de la communauté financière (banquiers, gestionnaires financiers, investisseurs institutionnels, leaders d'opinion, journalistes économiques, etc.).

Les obligations légales et la modification des structures du capital des entreprises ont accéléré le développement de la communication financière. Le rapport annuel est une obligation légale, il constitue la pièce maîtresse d'un dispositif d'information de plus en plus sophistiquée. Les attentes des milieux financiers conduisent à une accélération du rythme de production des messages et des supports, ouvrant la voie à une inventivité qui dépasse largement le cadre traditionnel de présentation des tableaux de bord.

- **La communication commerciale : l'entreprise productrice**

Cette communication est celle de l'entreprise sur ses marchés en tant que producteur ou distributeur. La publicité est une dimension du marketing qui vise la gestion optimale du couple produit/marché. Elle comprend l'ensemble des moyens mis en œuvre pour faire connaître un bien, un service ou une cause. La forme la plus connue est la publicité qui recourt à l'achat d'espace, elle est étroitement liée aux médias (presse, TV, radio, affichage, cinéma, etc.). Cette technique ancienne est aujourd'hui dépassée par les techniques dites hors média (tels les relations presse, les relations publiques et le parrainage) qui mettent en scène le produit sans acheter d'espace. Elle déborde aujourd'hui le cadre des produits pour se consacrer à la mise en scène des marques et leur cortège d'imaginaire, de valeurs et de mode de vie.

La publicité engage une stratégie de promotion du produit qui se déroule en plusieurs étapes : de la détermination d'un registre de communication aux études d'audience en passant par la définition des cibles et le plan média.

- **La communication institutionnelle : l'entreprise citoyenne**

Cette forme de communication est la plus récente dans les entreprises françaises.

Ses noyaux durs sont constitués par :

– les relations publiques qui créent des occasions, des événements auprès de médias et publics spécialisés pour bâtir ou entretenir une notoriété. Les relations presse en font partie ;

– les relations extérieures qui visent à entretenir dans la durée et la continuité des relations d'intérêt mutuel avec les publics de l'organisation : pouvoirs publics, décisionnaires, diverses collectivités, écoles, etc. ;

– le lobbying : par un travail de veille envers la législation et la réglementation, l'objectif est de créer des relations avec les décideurs administratifs et gouvernementaux qui, sur un plan local, national ou international, décident des droits et des devoirs qui s'imposent aux organisations économiques.

– la publicité institutionnelle : grand public ou spécialisée, elle met en scène la mission de l'entreprise et mise bien souvent pour cela sur sa contribution ou responsabilité sociale.

Ses principaux supports sont les brochures institutionnelles, les interventions des dirigeants, le site web de l'entreprise ainsi que le rapport annuel dont la forme a beaucoup évolué ces dernières années. Ce dernier a changé autant en qualité (augmentation du nombre de pages) qu'en qualité (sophistication de la présentation matérielle et graphique). Il accompagne la présentation des données chiffrées par une vision d'ensemble de la mission et des principes d'action de l'entreprise. Pour les entreprises cotées en Bourse (mais de plus en plus souvent pour les autres), il est assorti d'un volet environnemental ou de développement durable tel que le prévoit la loi NRE.

La *communication visuelle* construit l'identité visuelle d'une entreprise, elle agence un certain nombre de signes en vue de créer un style propre et reconnaissable. Logotype (un nom, un graphisme, un éventuel symbole et un système de couleurs), documents d'entreprise (lettres, plaquettes), signalétique, voire architecture, sont conçus en complémentarité de telle sorte qu'ils forment un ensemble harmonieux, spécifique donc identifiable.

La *communication de crise,* la communication *business to business, la communication de recrutement sont* autant d'autres formes d'actions spécifiques qui participent de la communication institutionnelle.

Les différents champs de la communication globale engagent une stratégie d'image et une stratégie d'opinion. Dans le cadre de la stratégie d'ensemble de l'organisation, il s'agit de mettre en rapport, de manière cohérente et continue, une donnée matérielle (l'information) et une donnée immatérielle (la réputation) par le moyen d'un dialogue organisé avec les publics utiles, externes et internes.

Des chassés croisés entre communication interne et autres formes de communication se développent. Les méthodes de marketing s'appliquent au champ de la communication interne (voir chapitre 5). On assiste également à des croisements entre communication interne, institutionnelle et publicitaire. Le CIC, EDF, IBM, Darty, Adecco, Eads, Siemens, la SNCF ont, au cours des dernières années, mené des campagnes d'affichage mettant en avant ses salariés.

On parle aujourd'hui de « capital communication », ce qui renvoie aux dépenses de communication conçues comme des investissements et à une valeur d'un genre nouveau (la notoriété) qui apparaît et fait l'objet d'une estimation ou transaction financière dans le cas du rachat d'une marque ou d'une entreprise.

2. L'impératif de cohérence

Les publics auxquels les entreprises s'adressent sont de moins en moins étanches : il y a entre eux un nombre croissant d'interactions et de convergences. Un salarié est un vecteur de l'image de son entreprise, il est aussi un consommateur, un citoyen voire un membre actif d'associations. Les messages développés auprès des différents publics doivent donc être cohérents et non pas contradictoires. La cohérence de la communication est une des conditions de sa crédibilité.

- **La communication système**

La communication engage l'entreprise en tant que système d'information et de décision dans son milieu. Elle organise et gère les flux d'informations qui circulent à l'intérieur de l'organisation (communication interne) ou entre l'organisation et son environnement (communication externe). Elle concerne les échanges d'informations qui lui permettent de fonctionner en tant que système et de se positionner dans son environnement.

Le système physique et économique qu'est toute organisation doit, pour se faire connaître et accepter, se traduire en système de signes et de significations qui renvoient à un sens global. Pour que l'unicité et la globalité de ce sens soient reconnues, trois règles doivent être respectées : la cohésion, la complémentarité et l'harmonie.

- **L'identité d'entreprise**

Elle est constituée d'un ensemble de caractéristiques indépendantes qui lui donnent, à travers les individus, sa spécificité, sa stabilité et sa cohérence, et lui permet d'apparaître en propre et d'être reconnue. La communication d'entreprise traduit et organise la personnalité de la firme à travers une série cohérente de signes qui vont du plus visible (logo) au moins concret (opinions et comportements des employés) en passant par des étapes intermédiaires (telle la marque). L'identité d'une organisation est le système résultant de l'interaction de quatre types de facteurs : les facteurs politiques (histoire et personnalité des dirigeants, caractéristiques du pouvoir de tutelle), économiques (stratégie de produits et de développement), structurels (type d'organisation et de répartition du pouvoir, procédures et système de gestion retenu), et symboliques (rites, langages et symboles organisant l'équilibre interne du groupe social). Ce dernier point renvoie à un imaginaire organisationnel qui permet au salarié de se situer et de s'engager. Il s'agit là d'un des moteurs de la motivation et de l'implication de soi.

L'identité d'une organisation permet de distinguer cette organisation par rapport à d'autres ; elle permet aux publics internes et externes d'avoir une vision globale de l'entreprise et de la comprendre comme une unité. L'incohérence des messages entraîne tôt ou tard de graves déboires pour les entreprises. Les exemples des campagnes menées par la SNCF sont dans toutes les mémoires : le slogan « SNCF, c'est possible » se heurta de façon cinglante à deux catastrophes ferroviaires et à des vagues de grèves retentissantes.

3. Organisation de la fonction

L'existence d'une structure dépend de sa formalisation dans l'organigramme. L'organigramme est la représentation schématique de la structure d'une organisation. Document écrit et reconnu, il positionne les unités, départements et services ainsi que leurs liaisons officielles et leurs relations hiérarchiques.

La cohérence communicationnelle suppose dans chaque entreprise un choix d'organisation et de structures. Il n'existe pas en la matière de choix unique. Plusieurs configurations peuvent être repérées qui correspondent à autant de choix possibles, adaptés à la situation et aux objectifs de l'organisation concernée. Selon P. Chandler, la structure traduit et accompagne la stratégie et non l'inverse. La structure est un moyen créé et mis au service de la stratégie.

- **Les choix possibles**

– *Choix 1* : direction marketing et direction ressources humaines sont rattachées à une direction générale. La première prend en charge la communication externe (ainsi rapprochée des objectifs commerciaux), la seconde intègre la communication interne (qui prend la forme d'une communication managériale et sociale). Ce choix est relativement traditionnel.

– *Choix 2* : la direction générale coiffe la direction marketing, la direction des relations extérieures et relations publiques et la direction des ressources humaines. La première direction traite de la communication commerciale, la seconde de la communication externe, la troisième de la communication interne. Selon l'étude Cegos 2003, ce cas de figure est de moins en moins fréquent.

– *Choix 3* : direction marketing, direction communication et autres directions relèvent d'une direction générale. La direction communication traite l'ensemble des communications externes (institutionnelles, financières...) et internes. La publicité reste confiée à la direction marketing. La coordination de l'action gagne en efficacité et ce n'est pas un hasard si ce modèle d'organisation tend à se développer.

– *Choix 4* : une direction des communications (rattachée à la direction générale) intègre les fonctions marketing (publicité commerciale et marketing direct), relations publiques et communication interne. Tous les types de communication sont ainsi mis dans une cohérence structurelle tandis que les outils et les moyens de communication sont mis en commun.

Chaque choix représente un degré spécifique d'intégration de la fonction communication. Aucun choix n'est préférable à un autre. Le rattachement direction générale facilite la réflexion en amont (sur les stratégies et objectifs) mais peut créer une dépendance excessive. Le rattachement direction de la communication renforce la synergie interne/externe, la rapidité de l'information et le partage des moyens. En revanche, la communication interne peut y faire figure de parent pauvre. Enfin, le rattachement à une direction des ressources humaines ouvre à la communication interne le champ du social mais le risque de s'enfermer dans ce rôle doit être contrebalancé par une capacité à construire une vision globale de l'organisation.

Au mouvement de centralisation et d'intégration structurelle qui a présidé à la création de directions de communication dans les années 1975-1985 succède aujourd'hui un engouement pour les structures locales de communication implantées dans les différentes directions des entreprises, et animées par des responsables de communication qui relaient sur le terrain une politique de communication impulsée au sommet. Désormais, la communication est moins centralisée et concentrée en un lieu unique qu'organisée en réseaux.

La dimension transversale devient en communication interne aussi importante que la dimension top-down ou bottom-up.

- **Spécificités du communicant interne**

Dans le Répertoire français des emplois, le Centre d'études et de recherches des qualifications (CEREQ) traite les emplois de la communication d'entreprise, décrit la fonction de « responsable de l'information et de la communication » et définit ainsi ses missions :

– conception et organisation des programmes d'information intérieure de l'entreprise ou de l'un de ses secteurs ;

– conception de la politique d'information extérieure de l'entreprise ;

– production de l'information ;

– administration et gestion du service de relations publiques.

De 1999 à 2005, l'association Française de Communication Interne a mené deux études qui font apparaître les points d'évolution de la fonction. Cette étude récente distingue trois étapes dans la manière de concevoir le métier de communicant interne : une première phase était celle de « la célébration de la communauté » orientée autour d'une perspective de cohésion, la seconde phase est celle de « l'art de faire passer les messages » – perspective de compréhension et de choix optimisé des messages et des supports, la phase actuelle serait selon l'étude celle de la gestion des relations entre les acteurs de l'organisation, orientée donc vers un but de lissage, de fluidification des relations dans un but de renforcement de l'efficacité d'action. Le savoir être du communicant est dans cette étape actuelle marqué par un sens de l'ouverture (au monde et aux autres), de l'adaptabilité (aux changements de l'environnement et des interlocuteurs), de créativité, de capacité de conviction et d'influence, d'empathie (compréhension et confiance avec autrui) et de diplomatie. Ses compétences professionnelles sont accentuées sur les aspects suivants : écouter et comprendre le corps social, conseil auprès du management, élaboration et circulation de l'information, développement d'une dynamique collective, management de l'équipe de communication et pilotage de la fonction.

II. LES CIRCUITS DE COMMUNICATION INTERNE

La mise au point d'un système permanent, ouvert et rapide de circulation de l'information dans l'entreprise, est devenue un enjeu important d'efficacité.

La complexité du processus productif qui se déroule dans un champ spatial élargi (international voire mondial) et dans un cadre temporel rétréci (au présent sans visibilité sur l'avenir) transforme en « miracle » permanent la livraison dans les temps, au prix prévu et au bon client d'un produit.

La notion de concourance est la déclinaison industrielle de la communication, elle est l'organisation d'une convergence d'acteurs différents et d'étapes distinctes. Le processus productif repose étroitement sur la circulation et la rétroaction de l'information et sur le modèle de la coordination horizontale. Après avoir étudié cinquante entreprises japonaises, M. Aoki montre que leur efficacité s'explique par la structure interne de l'information : la structure décentralisée correspond à une coordination horizontale entre unités opérationnelles et suppose le partage des informations. Aoki montre la supériorité de ce modèle qui concilie souplesse et rapidité. Dans ce contexte, information et communication sont au service de trois principes :

– *décloisonnement* : interne dans le travail par projet (voir section III) et externe par l'échange en temps réel avec différents partenaires (fournisseurs, clients, etc.) ;

– *décentralisation* : recherche d'un équilibre et d'une coordination optimale entre le centre et la périphérie ;

– *déhiérarchisation* : création de structures plus plates, réduction du nombre d'échelons hiérarchiques.

Une telle approche vaut également dans le domaine des services (la servuctique) où la qualité de la communication interne engage directement la nature de la relation avec le client. Un service rendu dépend des informations données au client, de l'écoute et de la compréhension du demandeur, et de la qualité du circuit d'informations engagé par la prestation.

La communication interne n'est pas le seul circuit d'information existant au sein d'une organisation. Elle est un circuit spécifique qui s'ajoute à des circuits existants dont elle est complémentaire. Ces canaux formalisés reposant sur la ligne hiérarchique et sur les mécanismes de représentation du personnel se distinguent d'un canal informel puissant : la rumeur. Il est difficile de cerner les contours de ce circuit non organisé mais particulièrement puissant, mieux connu sous le nom de « radio moquettes ». Il s'alimente de bruits, d'inquiétudes et de chuchotements entretenus et amplifiés par les contacts spontanés qu'entretiennent les individus. La particularité des rumeurs est d'être sans source identifiée : elles ne peuvent donc être vérifiées dans leur contenu et ne peuvent être confirmées ou démenties qu'au fil du temps et de l'expérience. Les rumeurs sont un aspect important pour la communication interne qui vise à les prévenir ou à les dissiper.

Les rumeurs révèlent en négatif l'imaginaire d'un groupe social : ses peurs, ses désirs, ses espoirs et ses préoccupations. Elles sont un révélateur puissant des dysfonctionnements internes et des manques d'information.

Les rumeurs sont les signes d'une crise des canaux de communication, de leur insuffisance, de leur discordance ou de leur blocage. La communication interne ne saurait s'en désintéresser d'autant plus que des rumeurs s'amplifiant peuvent détériorer un climat social et une ambiance de travail, en insinuant le doute et la méfiance. Veiller à l'état des rumeurs est donc un premier acte de communication interne.

Aux circuits internes existants s'ajoute de manière toujours plus pressante le circuit externe, le canal externe qu'est la presse, véhicule rapide et puissant d'information pour les salariés.

1. Le circuit hiérarchique

La ligne hiérarchique véhicule naturellement et nécessairement des informations. Son existence est une nécessité organisationnelle qui commande le bon fonctionnement et l'efficacité de l'entreprise. Le relais hiérarchique est particulièrement important en termes de communication car il facilite l'adaptation du message au public et donc le dialogue. Le circuit permet à l'émetteur de vérifier que l'information est bien passée et au récepteur de réagir.

La bonne exécution des tâches requiert une information minimale de nature opérationnelle. Les moyens mis en œuvre pour faire circuler l'information sont écrits et oraux. Les moyens écrits renvoient aux notes de service ou cahiers de consignes et de procédures. Les moyens oraux sont les plus développés et aussi les plus efficaces. Ils recouvrent un ensemble de situations de communication allant du moins formel (bavardage) au plus formel (entretiens d'évaluation), de l'individuel (procédure d'accueil) au collectif (groupe de travail). Oral, écrit et électronique sont tour à tour ou conjointement mis en œuvre.

Pour créer un climat de dialogue et de confiance, certains préconisent le MBWA (*management by wandering around*) qui n'est autre qu'une manière de passer régulièrement dans les ateliers et les bureaux pour y rencontrer de façon informelle les uns et les autres afin de faire le point.

Les cadres sont aujourd'hui jugés non seulement sur leur compétence technique (leur capacité à réaliser les objectifs de l'entreprise) mais de plus en plus sur leur capacité d'animation et leur compétence communicationnelle. Leur fonction d'information s'élargit tandis que se développe leur mission de communication. L'information opérationnelle minimale n'est plus suffisante et se double d'informations plus générales qui débordent le cadre strict du travail et engagent la situation du service et de l'entreprise. Ce travail d'information se double d'une mission de convaincre (emporter l'adhésion d'une équipe à un objectif) et de stimuler (développer une dynamique d'équipe qui accélère et fluidifie l'action). La conduite de l'entretien annuel est un moment important dans la mission des hiérarques. Cet entretien est un outil de gestion des carrières et des compétences, il permet de positionner chacun par rapport à un référentiel de compétences et donc de construire des parcours de formation. Il est aussi un moment privilégié de recueil d'informations, de recensement des attentes et des difficultés.

L'efficacité du circuit hiérarchique est inégale, on parle souvent à son sujet de blocages et de dysfonctionnements. L'avantage de ce circuit est sa proximité avec les opérateurs ; ses insuffisances renvoient à la disponibilité inégale de la hiérarchie, à sa préparation inégale aux fonctions d'information et de communication et à des *a priori* toujours vivaces. Certains ne voient pas l'intérêt de donner une bonne information, tandis que d'autres craignent de perdre un pouvoir ou d'entrer en conflit. La représentation que chacun se fait de l'information et du pouvoir présumé qui lui est attaché génère des pratiques communicationnelles très différentes. Il existe souvent d'importantes disparités d'information entre les différents secteurs de l'entreprise, des blocages, lenteurs et déformations de l'information coexistant avec des lieux de transparence et de dialogue.

La mission de communication de la hiérarchie est essentielle au bon fonctionnement de l'organisation ; elle doit être exercée au plus haut niveau pour avoir valeur d'exemple et faire l'objet de sensibilisation et formations spécifiques.

La fonction communication interne a un rôle à jouer dans l'accompagnement et le fonctionnement du circuit managérial : sensibilisation, formation, mise à disposition d'informations et de méthodologies d'action.

2. Le circuit des instances représentatives

Les instances représentatives ont une existence régie par la loi. Leur mission de représentation compte un volet important en matière de communication : droit de recevoir des informations de la part de la direction et droit de transmettre des informations au personnel. Il existe donc un dispositif d'information légal, initié par le législateur, qu'il convient de respecter sous peine de délit d'entrave qui peut faire annuler une décision.

Les comités d'entreprise (CE), créés en 1945, ont une fonction d'information et de concertation : à travers ses représentants, il s'agit d'associer le personnel à la marche de l'entreprise.

Bien qu'il ne soit pas un organisme de décision, le comité d'entreprise est obligatoirement informé et consulté sur les questions concernant l'organisation, la gestion et la marche générale de l'entreprise et notamment sur les mesures concernant le volume et la structure des effectifs, la durée du travail, les conditions d'emploi, de travail et de formation professionnelle des salariés. Selon la loi d'octobre 1982.

« Un mois après chaque élection du CE, le chef d'entreprise communique une documentation économique et financière... Au moins une fois par an, le chef d'entreprise présente... un rapport d'ensemble, écrit, sur l'activité de l'entreprise... Au cours de chaque trimestre, ... des informations sur l'évolution générale des commandes, l'exécution du programme de production... » Un ensemble d'informations sur la gestion et les politiques du personnel doivent donc être diffusées selon des cadences définies et des degrés de précision différents.

Comme les membres du CE, les délégués syndicaux doivent recevoir un certain nombre d'informations mais dans un champ moins large : bilan social et aspects relatifs à la formation professionnelle. Les sections syndicales exercent leur droit à informer le personnel et utilisent les moyens qui leur sont réservés : panneaux d'affichage, distribution de journaux et tracts, organisation de réunions syndicales.

Enfin, les délégués du personnel, élus désormais pour 4 ans, jouent un rôle important en la matière, leur mission étant de transmettre à la direction des réclamations individuelles et collectives. Les réclamations sont recueillies, transmises et consignées (le registre peut être consulté par les salariés et par l'inspecteur du travail). La réponse qui leur est donnée peut être communiquée au personnel par voie d'affichage, par des réunions ou tracts.

- **Caractéristiques de ce circuit**

Outre sa garantie légale, il couvre un champ large d'informations qui va de la situation personnelle du salarié à la marche de l'entreprise. Il est généralement bien admis par les salariés qui lui font confiance. Bien que les moyens de communication mis en œuvre dans ce circuit ne soient guère sophistiqués (et parfois rudimentaires), ils jouissent d'une crédibilité qu'envient bon nombre de communicants... On ne saurait toutefois méconnaître quelques effets pervers : confusion entre information et revendication, langue de bois.

• **Évolution**

Le dispositif d'obligations légales en matière de communication s'est enrichi au fil des ans. La loi du 12 juillet 1977 sur le bilan social formule l'obligation de mentionner (à l'intérieur du chapitre « relations professionnelles ») les activités d'information et de communication. Ces activités renvoient à quatre indicateurs : le nombre d'heures consacrées aux différentes formes de réunions du personnel portant sur les relations et conditions de travail, les éléments caractéristiques du système d'accord, les éléments caractéristiques du système d'information ascendante-descendante, les éléments caractéristiques du système d'entretien individuel. En 1982, l'instauration d'un droit d'expression individuelle des salariés (lois Auroux) a conduit les entreprises à affiner leur politique de communication interne ou, du moins, à être plus attentives aux besoins d'information.

Les obligations légales évoluent également en fonction de la construction européenne. Après une lente et difficile élaboration, la directive créant les comités d'entreprise européens adoptée le 22 septembre 1994 est entrée en vigueur deux ans plus tard dans chaque pays. Ce texte impose aux groupes de plus de 1 000 salariés et disposant, dans au moins deux États membres, d'établissements de plus de 150 salariés de créer un comité d'entreprise européen ou de constituer « une procédure d'information et de consultation des travailleurs ».

Les comités de groupe européens

Extrait de l'article L 439-6 (JO du 13/11/1996 et 20/02/2001) :
« En vue de garantir le droit des salariés à l'information et à la consultation à l'échelon européen, un comité d'entreprise européen ou une procédure d'information, d'échange de vues et de dialogue sont institués par les entreprises ou groupes d'entreprises de dimension communautaire. »

Les deux termes d'information et de consultation contenus dans le texte de la directive européenne ne cessent de faire l'objet de querelles d'interprétation. La directive définit la consultation comme « l'échange de vues et l'établissement d'un dialogue entre les représentants des travailleurs et la direction centrale ». L'affaire Renault Vilvorde et la plainte déposée par le comité de groupe européen de cette entreprise (ni informé ni consulté avant l'annonce de la fermeture du site en février 1997) ont relancé le débat. Elles ont également fait jurisprudence : avant d'annoncer la fermeture d'un site ayant des répercussions dans au moins deux pays européens, les directions d'entreprises ne peuvent plus négliger d'informer préalablement le comité d'entreprise européen. Ce conflit a permis de poser le problème de la nature de cette instance qui peut être comprise, soit comme un lieu d'informations et d'échanges soit comme un lieu de négociations, d'avis et de recommandations.

À l'inverse, l'affaire Danone déclenchée par la publication dans le journal *Le Monde* (11/01/2001) d'une note confidentielle présentant la restructuration de la branche « biscuits » a paralysé toute communication possible de Danone qui, sous peine de délit d'entrave, n'a pu prendre publiquement la parole que tardivement. À la suite de la loi Fillon (décembre 2002), ce contexte est vraisemblablement amené à évoluer.

3. Le circuit de la communication interne

Ce troisième circuit est organisé par la direction de l'entreprise et destiné à toucher de larges publics internes : l'ensemble du personnel et des populations spécifiques (cadres, agents de production, force de vente...). Au-delà des distances hiérarchiques, fonctionnelles ou géographiques, il s'agit d'irriguer le corps social de l'entreprise par un ensemble d'informations.

– Ses caractéristiques sont étroitement liées à la taille et à la complexité de l'entreprise. Son existence n'est pas nécessaire dans les petites organisations. À l'inverse, il est rigoureusement construit dans les grandes entreprises où il est important de délivrer une information homogène et commune.

Les messages font l'objet d'une soigneuse élaboration : souci de lisibilité, attention portée à la réception et à la compréhension. Les informations les plus techniques doivent être présentées de manière claire et compréhensible par tous. Ce troisième circuit a une dimension pédagogique. Il favorise une meilleure connaissance de l'entreprise (ses objectifs, ses contraintes, ses activités, ses hommes). Il permet de relier des activités disjointes et de faire comprendre une logique d'ensemble qui dépasse le cadre de l'activité quotidienne d'une personne, d'un service, d'une direction ou d'un site.

– Les messages véhiculés par ce circuit concernent à la fois les événements exceptionnels de l'entreprise (annonce d'une décision importante telle qu'un contrat ou une acquisition, lancement d'un nouveau produit, etc.), et ses projets présents et à venir. Ce canal est au service de l'urgence et de la pérennité. L'enquête menée par l'AFCI met au jour les thèmes majoritairement traités : orientations et résultats de l'entreprise, secteurs d'activité, actions qualité, produits et mouvements des personnes.

– Ce circuit bénéficie de moyens financiers et techniques importants. Son ancrage au plus haut niveau de l'entreprise conduit ses détracteurs à l'assimiler à « la voix de son maître » et à le considérer comme une opération de relations publiques internes. Cette objection peut être levée si on ramène ce circuit à sa juste place : un canal existant à côté et non à la place des autres canaux. La fonction communication interne ne vise pas à se substituer à la hiérarchie ni à réduire au silence la voix des instances représentatives du personnel. Elle s'inscrit dans le cadre d'une pluralité d'informations et de sources.

III. LES OBJECTIFS DE LA COMMUNICATION INTERNE

L'objectif global de la communication interne consiste à gérer de manière optimale le couple demande/offre d'informations dans l'organisation. Les caractéristiques de la demande doivent être intégrées : demande évolutive dans le temps (en fonction des événements), variable selon les lieux et les contextes (tous les services ou établissements n'ont pas les mêmes besoins) et différente selon les populations (les attentes d'un ouvrier ne sont pas les mêmes que celles d'un cadre). Face à cela, l'offre doit être régulière et adaptée.

Le professionnalisme s'impose et suppose que le communicant soit un homme d'écoute, de dialogue, de synthèse, soucieux des fonctions et des rationalités en présence, un homme de projet (capable de camper et d'insuffler la fonction), un manager (créant et animant un réseau, construisant un schéma directeur) et un gestionnaire(de moyens).

Outiller

Mise à disposition d'info via :
- Supports encadrement usine/site
- Supports ensemble du personnel
- Supports de démultiplication
- Argumentaires Q/R

Mise à disposition de méthodes :
- Boîte à outils com
- Guide méthodologique

Mise à disposition de compétences :
- Formation management visuel
- Formation communication

Organiser

Positionnement fonction CI au :
- CODIR : un niveau stratégique intégré au management
- CODIR : premier acteur de communication
- **Maillage réseau de correspondants**

Impliquer

- **… sinon contraindre :**
- la com. ; mission obligatoire (donc du CODIR)
- Faire connaître les expériences de collaboration entre fonction CI et management
- **Participer à des groupes de travail transverses** (et montrer la valeur ajoutée de la com)
- **Com.** = critère d'évaluation du management + Compétence requise dans profils recrutement

Communication et Management

Mesurer

- **Enquêtes :** études quanti, groupes panels quali, analyse coût-valeur…
- **Utilisation enquêtes :** climat social, diagnostic social
- « **Micro-trottoir** » continu
- Évaluer et reconnaître les compétences de communication du management

Conseiller

- Contrats d'objectifs annuels avec membre du CODIR
- Aide à des micro-actions de com.
- Conseil développement des communications locales
- Aller au-devant des managers pour connaître leurs besoins d'accompagnement des changements

Source : Garnier T., « Les chemins escarpés du sommet stratégique », *Les cahiers de la communication interne*, n° 12, 2003, p. 3-8.

1. Au service du projet d'entreprise

La communication interne accompagne le projet socio-économique de l'entreprise dont elle présente les objectifs et les modalités. La communication dans l'entreprise repose sur des projets concrets découlant d'objectifs réels. Ceux-ci sont tirés des orientations stratégiques et des engagements budgétaires.

> **Définition :** le projet d'une entreprise est la synthèse formalisée de ses objectifs économiques, sociaux et culturels. En un document, il réunit des informations qui auparavant existaient de façon séparée (plan, bilan social, charte de valeurs).

Les entreprises ont toujours été animées par une stratégie qui vise à adapter les ressources internes aux nécessités externes des marchés.

Dans un contexte économique marqué par une incertitude croissante et par une exacerbation de la concurrence, cette stratégie doit être formulée et comprise par les salariés qui en sont les acteurs. Une démarche projet suppose une approche globale des problèmes et de leur traitement, donc une réflexion commune de partenaires qui avaient souvent l'habitude de travailler séparément. Le projet est un principe global qui se décline localement. Acte de communication, il devient insensiblement principe d'organisation. La communication interne formalise les choix de l'entreprise et, par des supports adaptés, les explique aux salariés. Quatre-vingts pour cent des responsables de communication interne interrogés par l'AFCI déclarent avoir participé à la mise en place du projet de l'entreprise.

La communication interne apporte un concours précieux à l'accomplissement de la stratégie de l'organisation. Elle est au service à la fois de la pérennité et de la volonté de changement de l'organisation, de son identité et de son changement culturel. Restructurations, regroupements, fusions, modernisation sont autant de mutations qu'il convient d'expliquer afin de faciliter le changement, ne serait-ce qu'en atténuant les réactions de résistance des salariés. Une des missions du communicant interne est de traduire la stratégie en communication, de la mettre en mots et en musique, d'aider à la formulation des valeurs et de veiller à la pertinence des chartes ou codes élaborés en interne.

2. Accompagner et conseiller le management

L'imbrication de la communication et du management résulte de la pratique quotidienne des relations organisées aux différents niveaux hiérarchiques entre les individus et les équipes de travail.

Chaque type d'organisation correspond à un style de management et de communication. L'organisation taylorienne décompose soigneusement les rôles et les tâches de chacun dans un cadre marqué par le silence et l'application muette des directives. Les organisations pyramidales régies par la ligne hiérarchique et animées par un management directif engagent des circuits d'information descendants et sélectifs. Les organisations modernes dites cellulaires ou en réseau reposent sur la réduction de la ligne hiérarchique et sur une organisation transversale par projets. Elles sont irriguées par la communication : multiplication des échanges, réunions de travail collectif et communication intermétiers. La recherche actuelle de modes de management plus participatifs suppose le développement de relations, de dialogue et d'écoute.

Information et communication sont aujourd'hui des compétences exigées de tout cadre quel que soit son métier ou secteur d'activité. Aucune activité professionnelle de ce niveau ne peut se dérouler sans les capacités suivantes : capacité à rechercher et à traiter l'information, capacité à travailler en équipe et à coopérer de façon efficace, capacité à écouter, à comprendre le client afin de prendre les initiatives appropriées, capacité à expliquer, à convaincre et à fédérer une équipe. Ces capacités sont les composantes des nouveaux objectifs professionnels de l'encadrement qui joue un rôle déterminant dans l'accomplissement du processus productif et dans l'amélioration des rapports humains. Le cadre est aujourd'hui moins un chef qui donne des ordres et en vérifie l'application qu'un pilote qui fixe des objectifs, anime et coordonne une équipe.

Pour mener à bien sa mission, l'encadrement doit être bien informé par la direction et aidé dans son rôle de communicant.

Un des objectifs de la fonction communication interne consiste à aider le management dans son rôle d'information, d'écoute et de dialogue. La fonction communication interne sensibilise le management à cette corde désormais essentielle de l'action, elle l'aide à identifier les enjeux de communication liés aux situations professionnelles et à mettre en œuvre une communication adaptée.

Exemple : création d'une agence d'information interne pour les managers et les salariés d'EDF

EDF a fait évoluer son organisation en révisant les relations entre les unités et le niveau central. Une autonomie d'action est reconnue à chaque centre ainsi qu'une obligation à contribuer aux résultats. La notion de groupe responsable suppose que celui-ci dispose d'informations adaptées. L'agence d'information interne répond à ce besoin et permet de disposer d'informations concernant tant la politique générale de l'entreprise que des informations utiles portant sur l'environnement des unités. Elle fonctionne comme un prestataire de services pour les managers d'EDF. L'information gagne ici en rapidité, en régularité et en qualité.

La communication interne favorise les échanges de connaissances, d'expériences pour faire partager, développer et accélérer les progrès. En décloisonnant les secteurs d'activités et en facilitant les transferts d'expériences, elle renforce la cohérence et la réactivité des organisations.

3. Relier et unifier

Le troisième grand objectif de la communication interne est de mettre en commun un langage, une culture, écouter et comprendre le corps social, élaborer et faire circuler l'information, stimuler la remontée d'informations.

La notion de culture d'entreprise se développe en France dans les années 1980. Elle est importée des États-Unis et son succès n'est pas étranger à la diffusion retentissante du livre de T. Peters et R. Waterman, *Le Prix de l'Excellence*, paru en 1983. Ce livre met en corrélation la réussite des entreprises et leur capacité à souder le personnel autour d'une culture forte et unifiée. Si un certain nombre d'entreprises citées dans ce livre ont par la suite connu des échecs retentissants, l'idée de culture d'entreprise a survécu...

Cette notion est issue des champs ethnologique et anthropologique où elle désigne le ciment par lequel des personnes se sentent appartenir à la même société et existent comme une totalité organisée. Appliquée à l'entreprise, cette notion renvoie à une histoire, à des valeurs et à des pratiques que les communicants internes vont mettre en scène. L'histoire de l'entreprise va être construite ou réactualisée à travers un certain nombre de supports : livres (diffusés en interne et parfois commercialisés en externe), création de musées d'entreprises (consacrés aux métiers, aux produits ou aux hommes), évocation dans la presse interne des grandes figures ou étapes de l'entreprise. Le passé généralement embelli donne au groupe une origine, un sens et un ancrage.

Les valeurs mises en avant marquent en propre l'entreprise : l'anticonformisme de Macintosh se distingue de la rigueur d'IBM, le goût du défi et du dépassement est prôné chez Bouygues tandis que le sérieux et l'austérité sont de mise dans le milieu bancaire. Chaque entreprise s'invente un langage, un code déontologique et vestimentaire. Chacune construit et entretient ses rites (décorations, remise de médailles) et ses symboles (taille des bureaux, tenue vestimentaire, organisation de sessions hors entreprise, etc.). Tous ces éléments sont constitutifs d'un processus d'identification par lequel l'individu se retrouve dans l'entreprise et y ajuste son comportement.

La communication interne participe à la construction d'une image unifiée et positive de l'entreprise. L'image que le salarié a de son entreprise, des qualités requises pour y réussir et de son fonctionnement global, conditionne en grande partie la motivation et l'implication de chacun. En reconstituant l'histoire, elle vise la transmission des valeurs, conditions de la réussite passée et à venir. La communication interne met en commun des informations stratégiques, culturelles, fonctionnelles et opérationnelles afin de renforcer l'efficacité de l'organisation. Elle crée un langage commun qui permet à chacun d'orienter et d'adapter son comportement professionnel. Dans des organisations de plus en plus éclatées sur le plan spatial (dispersion géographique), temporel (individualisation du temps de travail) et statutaire (multiplicité des statuts du personnel), la communication interne a aussi pour mission d'assurer un principe d'unité.

On ne saurait toutefois tout attendre de la communication. Celle-ci crée les conditions d'une appartenance et d'une implication dans le cadre d'objectifs et de moyens connus de tous sans les garantir pour autant. Deux présupposés n'ont pas résisté à l'épreuve du temps.

L'idée selon laquelle une politique de communication régulière et intense permet de prévenir la conflictualité interne est aujourd'hui remise en cause. Réception d'un message et adhésion à son contenu sont deux étapes distinctes qui ne vont pas forcément de pair. Par ailleurs quelle crédibilité aurait un message qui ne se traduirait pas dans l'action ni dans l'organisation ? Il n'y a de pouvoir des messages que si ceux-ci sont incarnés dans des actions visibles. Le management par la parole doit se compléter du management par l'exemple.

Beaucoup d'entreprises ont renoncé à créer de toutes pièces une « communauté de culture » qui réconcilie valeurs et objectifs de l'organisation et valeurs des individus. La tentation fusionnelle (guerrière ou tribale) est aujourd'hui largement abandonnée. La communication interne ne propose plus de faire vibrer à l'unisson. Elle n'est ni outil de propagande ni outil de manipulation. L'art de la communication interne consiste à créer un langage commun qui ne soit pas langue de bois. Contre une forte tentation communautaire, il s'agit d'organiser les relations entre les individus et l'entreprise sans exclure la possibilité du différend.

Chapitre 2

Les outils de la communication interne

La démarche privilégiant les outils représente une des principales dérives de la communication interne. Parce que le management est trop souvent dans un horizon de court terme, il aura tendance à raisonner en termes d'utilisation d'outils au lieu d'engager à une réflexion sur les attentes et objectifs. Les outils se sont beaucoup diversifiés, principalement avec l'emploi d'Intranet et des messageries électroniques et une réelle panoplie est désormais à la disposition du responsable de la communication interne.

Les moyens écrits constituent tout à la fois un des éléments centraux des difficultés de la communication interne et en même temps un des facteurs de sa réussite. Un des éléments du problème consiste dans la surcharge en moyens écrits. Ceux-ci sont alors assimilés au gaspillage de temps et d'argent, à un ciblage imparfait et, plus globalement, renvoient à l'image d'une mauvaise gestion interne. Trop d'information tue l'information.

I. LES MOYENS ÉCRITS

L'écrit a longtemps été le point de focalisation des critiques envers la communication interne. Le public de l'entreprise avait tendance à se répartir entre ceux qui se plaignaient de recevoir trop de documents et ceux qui se plaignaient de ne pas en recevoir assez. Aujourd'hui cette critique s'est déplacée principalement vers les messageries électroniques mais le rôle de l'écrit papier reste important « c'est vrai parce que c'est écrit », même s'il a tendance à ne plus se concrétiser que sous la forme du journal interne.

À l'inverse, malgré ses remises en cause, il n'y a pas de solution à un problème de communication interne qui ne passe par l'écrit. Celui-ci présente, et particulièrement depuis la généralisation des messageries électroniques et de l'intranet vers la fin des années 90, les avantages de sa souplesse, de sa rapidité de mise en œuvre, de sa capacité de conservation, de son traitement individuel, de sa faculté de relecture et surtout de sa fonction symbolique. Celle-ci consiste dans un coefficient de crédibilité plus important qu'à l'oral. « C'est vrai parce que c'est écrit ». Il faut toutefois se méfier des oppositions écrit/oral et les deux approches sont souvent complémentaires.

Cette observation doit s'interpréter en parallèle avec la question centrale de toute démarche de communication interne : quel est l'objectif ? S'il s'agit de répondre à un problème de climat social morose basé sur une inquiétude envers les orientations de l'entreprise, sur la méconnaissance de la stratégie industrielle, sur les prochains accords sectoriels, sur les menaces de restructuration ou d'OPA, etc., l'écrit sera le pivot de la reconquête de la confiance. À l'inverse, si le problème à résoudre est celui d'un manque de crédibilité de la direction, d'un besoin de participer à la maîtrise de son activité, d'un souhait d'accroître sa liberté d'expression, alors l'écrit ne pourra être qu'un élément réduit de résolution du problème.

Dans un premier temps, nous présenterons les outils traditionnels de l'écrit et en premier lieu le journal interne ; puis nous analyserons les tendances récentes et notamment celles qui reposent sur les messageries électroniques (Intranet, forums de discussion, journaux électroniques...).

1. Le journal d'entreprise

Le journal d'entreprise constitue l'un des éléments majeurs de la communication interne au point qu'il se confond parfois avec elle. Selon une étude récente de l'UJJF (octobre 2003), 94 % des entreprises de plus de 1 000 salariés possèdent un journal interne, avec souvent un fort émiettement puisqu'en moyenne, chacune d'entre elles compte quatorze supports papier. Conçu prioritairement comme un vecteur d'informations vers les salariés, le journal d'entreprise permet en outre une parfaite maîtrise du contenu rédactionnel.

Outil souple et contrôlable, il lui est souvent reproché une tonalité trop hiérarchique et un manque d'interactivité. À ceci s'ajoutent deux tendances négatives ; la réduction des budgets de communication interne qui amène à remplacer le journal interne par des formules moins onéreuses, le progrès des nouvelles technologies de la communication (messagerie, Intranet, etc.) qui se posent en substitut du journal classique. Afin de surmonter ces remises en cause, le journal d'entreprise devra soigneusement se repositionner voire se relooker. Il devra préalablement reconsidérer ses objectifs.

a. Les préalables au lancement du journal d'entreprise

La première étape est de déterminer l'objectif du journal. S'agit-il simplement d'informer les salariés, de les fédérer autour de quelques valeurs, de les mobiliser autour de certains enjeux, voire de les faire évoluer dans le cadre de projets de fusions, d'OPA ou de restructuration ? Cette phase est indispensable pour la clarté et le positionnement du journal.

Il importe ensuite d'établir les modalités de son fonctionnement. Celles-ci doivent être fixées le plus en amont possible puisque du succès du premier numéro dépend fréquemment la réussite sur la durée du journal interne.

- **Le niveau de sous-traitance**

Le journal doit-il être réalisé en interne ou en externe, c'est-à-dire par une agence spécialisée en presse d'entreprise ? La réponse est fonction de quelques paramètres et notamment de la place que l'entreprise souhaite confier au journal interne. Une lettre d'information de quelques pages publiée trimestriellement pourra sans difficulté être réalisée en interne, une revue à forte pagination, périodicité et diffusion, sera vraisemblablement effectuée par une agence externe.

Les moyens disponibles sont également un élément du choix. Des moyens humains limités et l'absence de compétence rédactionnelle plaident pour une agence externe, des moyens financiers limités pour une réalisation interne.

- **Le comité de rédaction**

1. Son rôle est à la fois politique, rédactionnel et technique.

– *Politique* : le comité de rédaction est le concepteur et le gardien de la ligne éditoriale.

> **Définition :** la ligne éditoriale est la politique rédactionnelle du journal établie en conformité avec les objectifs de communication interne assignés au journal interne. Elle peut être écrite ou tacite.

En conséquence, le comité vérifiera lors de chaque numéro que le projet retenu correspond aux objectifs managériaux. Cette ligne est importante car elle est la garante de la cohésion du journal et du reflet de la culture interne. L'élaboration de la ligne éditoriale répond également au souhait de fixer les règles de fonctionnement du journal et plus particulièrement son degré d'indépendance vis-à-vis de la direction de l'entreprise. Il est conseillé (rôle du rédacteur en chef) de la rédiger en amont de la création du journal et de la faire avaliser par les membres du comité ainsi que par la hiérarchie de l'entreprise. Elle deviendra un document de référence auquel se référer en cas de litige interne au comité.

– *Rédactionnel* : le comité assure la rédaction du journal, c'est-à-dire qu'il est responsable du contenu de chaque numéro dont il a défini le sommaire, les rubriques ainsi que l'angle de chaque article. La responsabilité rédactionnelle ne signifie pas celle de l'écriture de chaque article qui peut être opérée par l'agence externe ou par un salarié, mais seulement que le comité a sélectionné le type d'article et son auteur. Le comité peut également être chargé de la relecture de l'ensemble des articles, voire de leur réécriture, bien que généralement ces tâches soient confiées à un comité restreint (le comité de lecture) composé de deux ou trois personnes réunies autour du rédacteur en chef.

L'activité rédactionnelle est la phase la plus importante et la plus difficile à conduire dans la durée. Passée la phase d'enthousiasme liée à la création des premiers numéros, il deviendra plus délicat de trouver sans cesse de nouvelles idées d'articles. C'est la raison pour laquelle avant tout lancement de journal d'entreprise, il est conseillé de recenser l'ensemble des sujets ou thèmes qu'il sera possible de traiter. Créer un journal est une tâche aisée, le faire durer est un défi plus ardu.

– *Technique* : rôle moins exaltant mais tout aussi fondamental, le comité a pour mission de veiller au respect du planning, à la mise en page du journal, à l'équilibre des articles, au choix des illustrations, à la vérification des épreuves, etc. Tâches parfois ingrates mais nécessaires, elles requièrent pour leur accomplissement des individus fortement motivés, capables de se rendre disponibles malgré leurs activités professionnelles. Cela implique que la composition du comité doit s'effectuer avec soin.

2. La composition du comité de rédaction est la suivante.

– *Le rédacteur en chef* est le responsable du fonctionnement du journal et à ce titre, chargé de l'animation du comité de rédaction. Son rôle est de préparer les réunions du comité, de décider des articles à retenir, de suivre la fabrication du journal. Il est le garant de chaque information publiée dont il devra éventuellement rendre compte devant le comité de direction de l'entreprise.

– *Les membres du comité* : il y a trois règles. Les membres du comité doivent d'abord être peu nombreux ; rarement plus d'une dizaine de personnes. Un nombre limité est davantage propice au débat de fond et à la cohésion de l'ensemble. Ensuite, le comité doit être représentatif de l'entreprise. Cela nécessite un représentant par direction ou service, mais aussi et surtout une représentativité entre générations, entre sexes et principalement entre collègues. Ce dernier point est fondamental et de nombreux journaux souffrent d'une crédibilité réduite engendrée par une rédaction exclusivement composée de cadres. Enfin, troisième règle, le comité doit être exclusivement composé de personnes motivées et donc volontaires ; à défaut l'absentéisme risque d'être préjudiciable à l'équilibre de l'ensemble du journal.

En outre, il convient généralement d'incorporer au sein du comité une personne possédant un talent particulier en matière d'illustration, de photographie, voire de PAO si le journal est réalisé en interne.

Conseils pratiques

• Il est souvent tentant, lors de la composition d'un comité de rédaction, de chercher des individus partageant les mêmes affinités. Si la cohésion et la convivialité sont nécessaires, il faudra se défier de l'unanimisme et veiller à encourager les critiques internes, seule voie possible d'amélioration du journal.

• Afin d'apporter des idées et un regard nouveau, il est recommandé d'inviter aléatoirement un salarié différent à chaque nouvelle réunion du comité. L'avantage associé à cet objectif sera de prouver l'ouverture du journal et sa possibilité d'appropriation par l'ensemble du personnel.

• Si l'entreprise dispose de moyens, un stage de formation pourra opportunément être effectué par les membres du comité de rédaction. À défaut, à moins qu'il ne soit familiarisé avec ces techniques, il est conseillé au rédacteur en chef de réaliser un stage sur l'animation des comités de rédaction et la conduite des journaux d'entreprise.

– *Les correspondants* : même s'ils ne sont pas membres *stricto sensu* du comité de rédaction, les correspondants en forment un des relais d'action essentiel. La fonction repose sur la démultiplication de l'action de chaque membre du comité et le fonctionnement en réseau. Concrètement, cela consiste pour chaque membre du comité à organiser un réseau de correspondants dont le rôle sera, préalablement à chaque réunion du comité, de faire remonter toutes les informations susceptibles de publication, voire les critiques du numéro précédent.

• **La présentation du journal**

1. L'*aspect* : le titre n'a pas l'importance qu'on lui suppose. Il est toutefois recommandé d'éviter l'écueil du titre trop managérial : *Leader*, *Gagner*, *Réussir*, qui connotent trop le support, et celui des titres « passe-partout » sans lien avec l'entreprise : *Convergence*, *Regards*, *Contacts*, cela *a fortiori* si le magazine est diffusé en externe.

2. Le *look* : la première qualité d'un journal interne est d'être attrayant, ce qui dépend davantage de sa mise en page que de l'aspect luxueux de sa présentation. Cela n'exclut pas une impression quadrichromie sur papier glacé, cela signifie que le premier paramètre est l'aération de l'ensemble, la lisibilité, la taille des caractères, etc. L'indication d'un interlocuteur pour chaque article avec ses coor-

données renforcent l'impression d'échange et d'interactivité du journal.

Exemple : *Les infos*, bimensuel de la SNCF tiré à 180 000 exemplaires, a été lancé en septembre 1995 avec l'optique de se démarquer de la traditionnelle presse de l'entreprise en optant pour une formule type journal de la presse quotidienne. Il compte 16 pages en moyenne. Il est imprimé sur papier recyclé pour renforcer l'image d'économie budgétaire. Son taux de lecture est de 62-63 % en lecture régulière (ne rate pas un numéro) et de 32-33 % en lecture occasionnelle.

3. La *pagination* et la *périodicité* : ces éléments dépendent de l'objectif conféré au journal. *Schneider Magazine* comporte 51 pages, le journal du Crédit Lyonnais 8 pages, mais leur périodicité est différente. Il est conseillé de débuter par une formule légère afin de roder le comité de rédaction. Par ailleurs, en termes d'impact, il sera plus valorisant d'accroître la pagination que d'être obligé, faute d'un nombre suffisant d'articles, de la réduire.

Il en est de même pour la périodicité. Le comité pourra débuter par une formule paraissant tous les deux mois pour aboutir à une formule mensuelle. La mensualité est actuellement la formule adoptée par 82 % des supports du secteur public et 47 % de ceux du secteur privé. Un effet des nouvelles technologies pourrait être de faire glisser la périodicité vers la bimestrialité. L'actualité étant traitée par les *newsletters*, le journal peut se positionner davantage sur des sujets de fond.

Le respect strict de la périodicité et du planning de réalisation est important en ce qu'il constitue un élément clé de la fidélisation du journal envers son lectorat et ainsi de sa crédibilité.

4. Le *contenu* : le choix d'un modèle de contenu doit être défini préalablement. Il concerne les points suivants :

– l'éditorial : doit-il être régulier ? qui doit être le signataire ? L'observation des titres indique une forte majorité de présence d'éditorial signé le plus souvent par le directeur d'entreprise, voire le rédacteur en chef. Toutefois, les éditoriaux ne sont souvent que des incantations de type « langue de bois » et pourraient être supprimés facilement ;

– le sommaire : son efficacité dépend de la pagination, une revue inférieure à huit pages ne nécessite pas de sommaire.

Celui-ci peut être remplacé par une information ou une illustration ;

– les rubriques : elles représentent un élément essentiel de la lisibilité du journal. Elles doivent être régulières et figurer aux mêmes endroits afin de fidéliser le lecteur. Les rubriques majeures concernent : la vie des services, la stratégie de l'entreprise, l'interview, le dossier du mois, l'environnement externe, les réussites majeures ou innovations, la vie des salariés (carnet, mutations, retraites, recrutements...). Certains peuvent instaurer des rendez-vous réguliers de type « La tribune libre », « Le chiffre du mois », des articles sur la vie culturelle régionale ou sur des passions externes de leurs salariés. De même, une rubrique « En bref » permettra de signaler sans commentaires certaines informations plus ponctuelles. Il est à noter que les rubriques « Le courrier des lecteurs » disparaissent assez rapidement de la plupart des supports internes faute de substance.

- **Le cadre juridique**

La création d'un journal s'accompagne de quelques formalités administratives :

– nomination du directeur de la publication, juridiquement le responsable de l'entreprise ;

– formalités d'inscription auprès du parquet du procureur de la République de la circonscription judiciaire du lieu d'impression, dépôt du titre et demande d'ISSN (l'*International Standard Serial Number* est un numéro d'identification du journal attribué lors de l'envoi à la Bibliothèque nationale de France) ;

– formalités de dépôt : à chaque parution, quelques numéros doivent être adressés à certains organismes (Bibliothèque nationale, Régie du dépôt légal du ministère de l'Intérieur ou préfecture du département, service juridique et technique de l'information ou sous-préfecture la plus proche, parquet du procureur de la République du lieu d'impression ou à la mairie).

L'ensemble de ces envois s'effectue en franchise postale. Il est à noter que de nombreuses sociétés s'abstiennent de respecter ces obligations et qu'à notre connaissance, aucune sanction n'a jamais été prise.

- **Le mode de diffusion**

Selon une enquête réalisée pour l'UJJEF en novembre 2001, la diffusion s'opère autour de 3 catégories égales : 1/3 des entreprises l'adressent au domicile des salariés, 1/3 nominativement sur le lieu de travail et 1/3 non nominativement. L'avantage de la première formule réside dans l'espoir que le salarié a plus de temps à consacrer à la lecture à son domicile que sur son lieu de travail. Par ailleurs, l'exemplaire pourra également être consulté par l'entourage du salarié et renforcer ainsi image et sentiment d'appartenance. L'inconvénient est l'accroissement du coût en raison des frais postaux.

Effectuée sur le lieu de travail, la diffusion devra éviter deux écueils :

– l'inégalité de distribution, chacun doit recevoir le journal dans le même temps ;

– l'indisponibilité de lecture, il est préférable d'éviter le lundi matin ou le vendredi après-midi pour distribuer le journal.

Les ciblages particuliers résultent de choix stratégiques ou culturels. Il est recommandé de diffuser le journal aux retraités, au personnel temporaire ou en contrat à durée déterminée, aux stagiaires, à certains interlocuteurs externes (presse, clients ou fournisseurs réguliers...). Quelques exemplaires pourront également être disposés sur les présentoirs ou tables des salles d'attente ou des halls d'accueil afin de faire patienter utilement les visiteurs externes à l'entreprise.

b. L'élaboration

Faire vivre un journal nécessite une organisation et un fonctionnement clair du comité de rédaction.

- **Le fonctionnement du comité de rédaction**

L'organisation de la réunion est à l'initiative du rédacteur en chef. Elle nécessite d'abord un lieu de réunion adapté.

Il est important que chaque réunion fasse l'objet d'un compte rendu afin d'éviter les malentendus entre membres du comité. Le rôle de chacun doit être précisément relevé en matière de rédaction ou de responsabilité d'articles. Nécessaire également est l'indication des échéances pour les envois d'articles.

1. Le *contenu de la réunion* : l'objectif de la réunion est de préparer le contenu du numéro suivant. Il est donc nécessaire de procéder à un tour de table sur l'ensemble des sujets possibles. Chaque membre présentera ses projets d'articles après avoir consulté son réseau de correspondants. L'efficacité sera améliorée si chaque membre du comité adresse à l'avance à l'ensemble des membres la liste des articles potentiels.

2. Le *chemin de fer* permet de concevoir le contenu du sommaire sur une grande feuille afin de positionner chaque article en fonction de la surface disponible sur le support.

> **Définition :** le chemin de fer est la visualisation écrite et sommaire, page par page, du contenu projeté du journal.

Il apporte la faculté d'équilibrer l'ensemble des articles et des rubriques en fonction de leur importance. Il se réalise sur des rectangles visualisant les pages, une fois le sommaire du journal accepté afin de prévoir l'emplacement et la taille de chaque article. Il permet également d'apporter un équilibre dans les illustrations ou photographies.

Dans l'organisation du chemin de fer, il est recommandé de tenir en réserve un article qui pourrait être supprimé si l'actualité l'exige.

Par ailleurs, une place doit être réservée à l'ours.

> **Définition :** l'ours est une rubrique du journal, généralement placée en fin de publication, qui présente le directeur de la publication, le rédacteur en chef, les membres du comité de rédaction, le nom et l'adresse de l'entreprise. Il indique également le numéro ISSN attribué lors de la création du journal.

3. Le *comité de lecture* : la relecture des articles et leur validation sont une constante de l'ensemble de la presse d'entreprise. Elles peuvent s'opérer en circuit court ou long selon la périodicité et le style du support.

Le circuit court est le plus usité. Il consiste une fois l'article rédigé et transmis au rédacteur en chef en une relecture par celui-ci, voire par le directeur de la publication. Il est souhaitable que les personnes citées dans un article, et même les personnes interviewées, puissent également relire l'article et proposer d'éventuelles modifications.

Le circuit long consiste à réunir une nouvelle fois le comité de lecture afin que celui-ci avalise l'ensemble des articles. Valable pour des trimestriels, cette formule est difficilement gérable pour des périodicités plus rapprochées. Une variante de cette formule consiste à créer un comité de lecture comprenant, outre le rédacteur en chef, un membre du comité de rédaction ainsi qu'une personne de l'entreprise extérieure à ce comité et réputée pour ses capacités rédactionnelles et son absence de jargon technique.

Notons qu'entre ces deux circuits, existe la faculté de recourir à un journaliste extérieur afin de vérifier que l'ensemble est compréhensible par un profane et d'apporter toute modification de style jugé utile. Pour un coût réduit, l'avantage est double :

– il fournit une unité de ton à l'ensemble du support ;

– il permet au journaliste de mieux connaître l'entreprise, ce qui peut être profitable à terme pour des actions de communication externe.

• La fabrication

Une fois les articles rédigés, plusieurs opérations sont nécessaires avant la diffusion du journal.

– La *mise en page* : confiée à l'agence prestataire ou réalisée en interne par PAO, cette opération consiste à saisir l'intégralité des articles et documents à éditer afin de les « monter » sur le journal. La maquette est ensuite présentée sur support papier appelé « épreuve » au rédacteur en chef au cas où celui-ci souhaiterait effectuer quelques modifications.

– L'*accord pour l'impression* : c'est la dernière étape avant l'impression. Elle est effectuée par le rédacteur en chef du journal. Cette étape décisive est appelée le BAT, ou bon à tirer.

Malgré un succès irréfutable, le journal d'entreprise doit toutefois faire face aujourd'hui à un triple défi :

– le premier est l'approche techniciste, relayée logiquement par les agences de communication, qui recommandent une sophistication toujours plus importante du journal alliée à une présentation soignée et ambitieuse. Ce défi doit être dépassé par le constat que le fondement du succès d'un journal interne repose d'abord sur la crédibilité qu'il gagnera en interne, notamment en ayant réussi à instaurer un modèle de participation du plus grand nombre, et par le respect de certaines règles souvent considérées comme accessoires mais pourtant essentielles : l'absence d'erreurs orthographiques, la signature des articles, la précision des données et des explications, etc. ;

– le second défi, inverse du premier, réside dans les effets des réductions budgétaires qui peuvent conduire à des formules appauvries de journal interne. Si le salarié peut s'étonner de formules trop luxueuses à l'heure des réductions généralisées des coûts, il risque aussi de se désintéresser de formules semblant apparaître de qualité inférieure aux newsmagazines externes qu'il peut avoir l'habitude de lire.

– le troisième défi est celui de la généralisation des procédés électroniques de communication qui engendre le risque de la remise en cause voire de la disparition du journal interne.

Il est certain que la faculté pour une entreprise de pouvoir adresser *via* les messageries électroniques des messages à l'ensemble de ses collaborateurs, a un effet sur le journal d'entreprise. Quatre observations peuvent être effectuées. D'abord le journal interne peut être réalisé entièrement sous forme électronique et déjà 37 % des entreprises possèdent un e-magazine (chiffre UJJEF, 2003). Ensuite, le journal bénéficie d'une forte légitimité interne et la puissance conférée à l'écrit devrait se renforcer à mesure que les circuits de l'entreprise se virtualisent davantage. D'autre part, le journal pourra évoluer vers des formes décentralisées pour se rapprocher d'une meilleure communication au niveau local. Concrètement cela peut s'effectuer par la transformation des journaux de siège en banque de données sous forme d'articles approfondis que les implantations locales pourraient (ou devraient) incorporer dans leurs éditions. Enfin, la multiplication des utilisateurs de messageries électroniques devrait fortement accroître la capacité de remontée des informations. Par le biais de forums d'expression, voire de simple envoi d'informations au rédacteur en chef, chacun pourrait contribuer efficacement à l'évolution du journal.

Le principal défi du journal d'entreprise n'est pas technologique, il est participatif. De ce point de vue, les réseaux informatiques peuvent permettre au journal d'être non seulement un organe d'information mais également un lieu d'échange et donc de communication.

La participation doit également prendre en compte l'ensemble des supports électroniques afin de conférer un équilibre entre les informations diffusées par voie électronique et celles des magazines internes, à l'exemple des supports d'Ericsson ou de l'ACFCI.

Les principales dérives du journal interne

1. Le manque de personnalité : l'entreprise a une identité, une personnalité, le journal doit s'y conformer.
2. Le manque de stabilité : allié au manque de rigueur, au sommaire et au rubriquage parfois aléatoire. Les rédacteurs en chef des journaux ont trop souvent tendance à structurer les journaux en fonction de l'information disponible.
3. L'insuffisance de réflexion sur les titres. Lorsqu'un titre n'est ni accrocheur, ni informatif, son utilité est nulle.
4. Le triomphalisme excessif : les manageurs ont le sourire, les employés sont contents, la météo favorable, etc. Seulement voilà, un journal est un outil d'éveil. Photographiez un peu moins les trains qui arrivent toujours à l'heure.
5. Une illustration insuffisante : attention aux photographies, évitez les vues type paysage en format timbre poste ou les photos figées du président. Attention également à la typographie. N'innovez pas à tout prix en utilisant des caractères jaunes sur fond orange. Restez classique.

Source : J.-P. Guéno « 3615, Père Fouettard »
in : *Entrepresse*, 1989.

2. Les outils traditionnels

Ils sont constitués de l'ensemble des moyens édités sur support papier.

a. *La revue de presse*

La revue de presse est la diffusion organisée en interne des articles parus dans la presse externe concernant l'entreprise.

- **Objectif**

Il se décompose en un objectif d'information et de mobilisation.

– Le premier but recherché est celui d'informer les salariés des opérations de l'entreprise ayant eu un retentissement médiatique. Ceci permet de renforcer l'impact des opérations externes en le prolongeant en interne tout en évitant la critique des salariés mécontents d'apprendre par l'externe une information les concernant. L'article paraît dans un média externe mais il est diffusé rapidement en interne.

– Le deuxième objectif participe de la continuité interne-externe en ce qu'il permet de mobiliser l'interne par la mise en évidence du champ d'action externe de l'entreprise. La revue de presse contribue ainsi à sensibiliser les salariés à l'ensemble de l'activité de l'entreprise, elle leur procure une ouverture sur les enjeux de celle-ci. En ce sens, la revue de presse est un élément de mobilisation et de décloisonnement.

- **Caractéristiques**

La revue de presse consiste à détecter, dans un certain nombre de titres de la presse externe, les articles concernant l'entreprise et à les reproduire sous forme de photocopies destinées à une catégorie ou à la totalité du personnel. La revue de presse peut être irrégulière, lorsqu'elle s'effectue en fonction des articles repérés, ou régulière. Sa périodicité varie alors selon la taille, l'activité et l'actualité de l'entreprise, et le segment de ses destinataires. La revue de presse peut également s'effectuer selon un angle spécifique : revue de presse technologique, commerciale, financière, environnementale et s'intéresser à des thèmes plus vastes que la seule actualité de l'entreprise.

La revue de presse peut être réalisée soit en externe par des agences spécialisées (argus de la presse, Secodip, Press Plus, etc.), soit en interne, dans plus de 90 % des cas. Dans cette dernière hypothèse, il est recommandé d'éviter qu'une seule personne porte la responsabilité opérationnelle puisqu'en période d'absence ou de surcharge, la qualité de la revue de presse en supportera les conséquences. Une bonne approche est ici de fonctionner sur le mode d'un comité de rédaction, chaque membre recevant la responsabilité de lire deux ou trois titres et de transmettre les articles sélectionnés à la personne en charge de la compilation et de la diffusion. Il sera également nécessaire de surveiller les informations radiophoniques ou télévisuelles qui se prêtent moins facilement à une diffusion rapide sous forme de photocopies.

Les revues de presse existent dans près de 80 000 organisations pour un lectorat de l'ordre de 1,2 million de salariés. L'entreprise qui pratique une revue de presse devra éviter deux écueils. D'abord la sélection des destinataires puisque la réception d'une revue de presse est ressentie comme un signe de pouvoir. Éviter les diffusions aléatoires selon les destinataires est donc la première règle. Le deuxième écueil repose sur l'amateurisme ou la rapidité de la sélection. Pour être significatif, il ne suffit pas de reproduire un article, il est nécessaire d'indiquer outre le support, la date de parution, sa page et sa place au sein de celle-ci. Il est nécessaire d'éviter sous prétexte de s'adapter au format de la revue de presse, les agrandissements de brève ou les réductions d'articles sans un signalement préalable.

En outre, il convient de signaler que depuis une loi du 3 janvier 1995 les revues de presse sont désormais taxées afin d'éviter le photocopillage, c'est-à-dire la reproduction gratuite des articles sans l'accord du support. Une redevance est perçue par le Centre français d'exploitation du droit de copie et reversée aux auteurs et éditeurs des œuvres copiées. Pour éviter cette taxe, de nombreuses entreprises effectuent des synthèses de presse, parfois commentées. Ces synthèses sont généralement adressées sous forme électronique ou déposées dans un serveur Intranet.

b. La note de service

La note de service a longtemps été quantitativement le premier outil de communication dans l'entreprise. Sa distribution traditionnelle sous forme papier est désormais supplantée par les messageries électroniques mais reste parfois en vigueur afin de marquer une importance particulière conférée à ce type de document.

La note est un outil indispensable de management de l'entreprise ; elle a pour objectif de fixer les règles du fonctionnement interne, de tracer les directives, d'informer sur les orientations et les modifications juridiques, techniques ou commerciales. La note est clairement un instrument d'information descendante. Elle poursuit également un objectif « clandestin » à savoir qu'elle constitue pour son signataire un signe de pouvoir au sein de l'entreprise, ce qui tend à expliquer une inflation de notes en tout genre qu'accroît une faculté électronique de diffusion à grande échelle. La note est de ce fait déconsidérée de par son manque d'interactivité et sa quantité importante.

c. *La documentation*

Elle constitue l'ensemble des informations relatives aux activités de l'entreprise et peut être communiquée de trois manières aux salariés : par un espace adapté, par une circulation de l'information, par un envoi direct au salarié.

- **La salle de documentation**

C'est un lieu spécialement aménagé dans l'entreprise permettant au salarié de rechercher l'information dont il a besoin pour l'accomplissement de son métier. En dehors de celle-ci qui constitue un espace dédié à la recherche d'information, il est possible à l'entreprise d'utiliser les nombreuses salles de réunion dans un objectif d'information et de mise à disposition de documents divers.

- **L'information circulante**

Elle consiste à mettre en circulation des informations de manière à ce que chacun puisse successivement en disposer. En la matière, il est impératif que le listing de diffusion ne soit pas trop long afin d'éviter une forte séparation temporelle dans la prise de connaissance des salariés. Une dizaine de noms est considérée comme un maximum pour un document de cinq pages. Chaque fiche de circulation doit comporter outre le nom du destinataire, sa date de réception du document et accessoirement une colonne pour les observations éventuelles. Il est judicieux avant toute mise en circulation d'un nouveau type de document, une revue par exemple, d'ajouter une colonne supplémentaire avec la mention : « Souhaitez-vous continuer à recevoir ce type de document ? » Cela permet de s'adapter à la demande tout en accélérant la vitesse de diffusion par une rotation des informations mieux ciblée.

Chaque chef de service gérera la circulation au sein de son service, il est recommandé que toutes les informations généralistes destinées à l'ensemble du personnel soient gérées par le responsable de la communication interne, ceci dans le but de renforcer la circulation et d'éviter la redondance dans la circulation des documents.

- **La plaquette de présentation**

Elle peut utiliser des formes diversifiées selon l'objectif poursuivi. Il peut s'agir d'un document régulier comme la présentation des résultats de fin d'année, d'un document exceptionnel à l'exemple de la publication du plan stratégique de l'entreprise ou d'un document à finalité externe mais diffusé à une large fraction, voire à la totalité du personnel. Le rapport d'activité est l'exemple type de cette pratique, il résulte d'une obligation légale ; son objectif premier repose sur la cible des actionnaires, pourtant la majorité des entreprises le diffuse également en interne. Pour ce rapport comme pour l'ensemble des plaquettes destinées à l'externe, il est important de bien définir la cible avant la rédaction du document afin de respecter l'harmonie des messages externes-internes vis-à-vis des salariés.

Les plaquettes internes ont suivi l'évolution du journal d'entreprise, à savoir que leur présentation se professionnalise dans le sens d'une écriture des messages plus concise, une forme aérée plus attrayante et une grille de lecture sous forme de chiffres clés, de graphismes et de brèves.

Pour des raisons essentiellement budgétaires, le rapport d'activité ainsi que de nombreuses plaquettes sont mis à disposition sur le site Intranet ce qui en réduit fortement l'attractivité.

- **Le livret d'accueil**

Présent dans près de 60 % des entreprises françaises, le livret d'accueil constitue un des premiers contacts du jeune recruté avec son entreprise. Il participe ainsi de l'impression initiale, et donc de la plus solide, que celui-ci aura sur l'entreprise. Cela nécessite un soin particulier autour de sa réalisation. Celle-ci doit conjuguer deux éléments, un volet image de l'entreprise et un volet directement opérationnel puisque le document doit pouvoir répondre aux principales questions que se pose le nouvel embauché. Le contenu du document doit lui aussi comprendre deux types d'informations, celles qui concernent l'entreprise, sa stratégie, ses activités, ses défis et celles qui se rapportent au salarié. Dans ce dernier cas, l'information doit lui permettre de se situer. Quelle est sa place dans l'organigramme ? quelles sont les règles de rémunération, d'avancement de carrière ? quelle est la législation sociale ? quels sont ses droits et ses devoirs ? Il est important que le livret d'accueil soit régulièrement mis à jour pour éviter les informations obsolètes. Le moment optimum de remise du livret d'accueil se situe avant la date d'entrée effective en fonction, de manière à ce que le salarié puisse avoir une première connaissance de l'entreprise et lui permettre de poser les questions engendrées par la lecture du livret.

L'intégration du livret d'accueil dans l'Intranet de l'entreprise, si elle facilite grandement sa mise à jour, ne permet pas sa diffusion antérieure à la prise de fonction. La remise d'un livret d'accueil imprimé apparaît un acte symboliquement plus important que la possibilité d'y accéder en ligne.

Réciproquement, il est conseillé d'informer les membres de l'entreprise ou du service concerné de l'arrivée d'un nouvel embauché. Ceci peut s'effectuer par note, insertion dans le journal interne ou sur le tableau d'affichage.

d. *Le panneau d'affichage*

Parent pauvre de la communication interne, l'affiche est souvent réduite au minimum indispensable de la législation sociale relative au droit d'expression des salariés et à l'affichage des délibérations des instances représentatives. Bien géré, l'outil présente de nombreux avantages.

- **Objectif**

Le panneau est un moyen d'information qui permet de prévenir, sensibiliser ou informer les salariés d'une entreprise.

Sa principale caractéristique est de ne pouvoir délivrer qu'une information sommaire. L'affiche peut être de deux formes : écrite, et dans ce cas elle s'assimile à un avis au personnel, ou visuelle, et il s'agit ici d'une affiche à l'exemple des panneaux publicitaires dont l'objectif est de sensibiliser à une action particulière. Les plus fréquentes sont les affiches relatives aux conditions de sécurité dans l'entreprise.

Dans les deux cas, l'affiche est rarement un élément suffisant pour une action d'information. Elle doit s'intégrer dans une politique plus vaste, à moins qu'il ne s'agisse d'une intention délibérée – et fréquente – de recourir à l'affichage comme alibi d'une information nécessaire mais souhaitée discrète.

L'affiche interne, pour être efficace, doit recourir aux mêmes éléments que la création d'une affiche externe. Elle doit donc être visible, lisible, informative et régulièrement renouvelée.

- **Critiques**

Sous réserve du respect de ces conditions, l'affiche est un outil insuffisamment exploité par les entreprises. Elle présente des avantages de coût et de rapidité d'exécution importants. S'il est indiscutable que son efficacité reste réduite, celle-ci se renforce lorsqu'elle se situe comme un maillon d'une politique plus vaste. Ainsi, l'affiche peut intervenir comme *teasing* d'un événement interne : lancement du projet d'entreprise, prochaine journée portes ouvertes, sommaire du prochain journal interne, etc. De même les affiches visuelles peuvent résulter de démarche participative propre à en renforcer les effets. Enfin, le panneau d'affichage peut renforcer l'efficacité de certains articles. C'est ainsi qu'un article de presse peut s'afficher ou que le recrutement d'un nouveau salarié peut être présenté photo à l'appui. L'affiche interne peut ainsi être revalorisée à condition d'être méticuleusement réfléchie. Comme en publicité externe, l'affiche recherche prioritairement un impact, une sensibilisation. Il est nécessaire que l'information détaillée soit ensuite portée par d'autres voies plus adaptées.

e. *La boîte à idées*

Matérialisée par une urne dans laquelle les salariés peuvent introduire leurs suggestions ou interrogations, la boîte à idées constitue une des techniques les plus anciennes, les plus souples et les moins onéreuses de communication ascendante. Elle est utilisée par près d'une entreprise sur cinq.

• **Objectif**

Il peut être multiple. Le plus usuel consiste à faire remonter de manière anonyme toute suggestion ou proposition d'amélioration concernant l'activité et le fonctionnement interne de l'entreprise. La direction espère ainsi éviter deux écueils : celui du filtre de l'encadrement et celui des craintes individuelles de proposition que permet de franchir l'anonymat de la boîte à idées. En outre, la direction, dans un but managérial direct, escompte également une amélioration de son fonctionnement par un recours à la créativité de chaque salarié.

Le second type d'objectif constitue une variante de la boîte à idées en boîte à questions. Ce qui est ici recherché est l'établissement d'un dialogue en permettant à chacun de poser à la hiérarchie l'ensemble des questions auxquelles son activité quotidienne et sa hiérarchie directe ne lui permettent pas d'obtenir de réponse. Les questions peuvent être posées de manière formelle avec l'indication du demandeur et dans ce cas faire l'objet d'une réponse directe à celui-ci, oralement ou par écrit. Elles peuvent également s'effectuer anonymement et dans cette hypothèse, la réponse pourra être publiée dans le journal d'entreprise ou dans un recueil prévu à cet effet.

• **Caractéristiques**

À l'instar de l'affichage, la boîte à idées doit d'abord se situer dans un lieu visible (hall, salle adaptée, etc.). Elle doit également clairement énoncer son objet. Une simple urne étiquetée boîte à idées n'aurait aucun résultat, chacun pouvant s'interroger sur le type d'idées à transmettre. Cela signifie qu'il est nécessaire d'indiquer l'objet de la démarche (type d'idées), la période durant laquelle elle s'opère, c'est-à-dire la durée de présence de l'urne et donc la possibilité de proposer des suggestions, les destinataires de celle-ci, les caractéristiques précises de la consultation, à savoir le thème de suggestions demandées, les suites qui seront apportées et enfin la règle du jeu. La démarche doit être balisée, il faut préciser le caractère anonyme ou non des suggestions ainsi que leur forme. L'intérêt de la boîte à idées peut être renforcé d'abord par une information préalable (note, affichage, journaux internes, etc.) mais aussi par la preuve de son efficacité par un suivi régulier. Cela peut s'effectuer par l'indication des thèmes de suggestions qui peuvent s'opérer selon les mêmes modalités que pour l'annonce, mais aussi et surtout par la démonstration que les suggestions ont été entendues et seront utilisées par l'entreprise.

Il est à noter que les entreprises peuvent utiliser l'idée de la boîte à idées en recourant à d'autres moyens comme les suggestions effectuées sur répondeur téléphonique ou sur messagerie électronique. Ceux-ci ne présentent pas de caractéristiques fondamentalement différentes par rapport à l'urne traditionnelle.

- **Critique**

L'avantage réel de la boîte à idées réside dans la possibilité offerte, à coût réduit, de proposer un réel dialogue dans l'entreprise. Outil de communication ascendante, elle est également outil d'échange si la direction ne la considère pas seulement comme un élément ponctuel de sa volonté d'ouverture. Préparée en amont, poursuivie en aval, la boîte à idées devient un outil interactif dont l'efficacité peut se renouveler sur un nombre de thèmes diversifiés.

Le seul réel inconvénient consiste dans le risque de court-circuitage de la hiérarchie intermédiaire qui peut craindre une dévalorisation de sa fonction au profit du dialogue direct entre les salariés et le management supérieur de l'entreprise. Ce danger est réel et nécessite de parfaitement associer l'encadrement, premier vecteur de communication interne, à l'opération en lui permettant de relayer la démarche, voire de l'approfondir en l'expliquant et même en l'adoptant au sein de son service.

II. LES MOYENS ORAUX

L'oral est l'outil de communication interne le plus ancien. Il connaît actuellement un profond renouvellement qui le fait apparaître comme le plus efficace des moyens disponibles. Cette tendance s'explique d'abord par une saturation de l'écrit, chaque salarié reçoit quotidiennement de nombreuses informations sous forme écrite, qu'elles soient matérielles ou virtuelles. Or, si l'écrit répond parfaitement à cette demande d'information, il ne peut pallier les exigences de cohésion sociale, d'identité culturelle, de motivation. Un fossé s'élargit ainsi entre la réception de multiples informations et l'impossibilité de les rendre cohérentes autour d'axes directeurs. Le décalage entraîne des effets pervers, contraires aux objectifs initiaux, puisque recevant un nombre important d'informations, le salarié tend à réagir en dénonçant un style de management purement linéaire et descendant. La revendication s'exerce alors pour réclamer une participation, un droit d'expression ailleurs que dans le cadre strictement légal ou par la voie des organisations syndicales. Si l'écrit procure l'information, l'oral en fournit le sens au travers du dialogue et de l'échange. L'individu adhère d'autant mieux à un projet qu'il a le sentiment d'avoir pu y contribuer. L'oral permet, de ce point de vue, une interactivité totale et immédiate.

C'est ainsi que parallèlement à une certaine fascination envers les outils informatiques voire virtuels, la littérature managériale redécouvre les moyens issus du face à face et des notions comme management baladeur ou management de proximité ont ainsi fait leur apparition.

Cette partie présente dans un premier temps les principes et méthodes de la communication interne de proximité. Ensuite sera envisagé le cas spécifique de la gestion des réunions, celles-ci constituant quantitativement le premier outil de communication interne dans l'entreprise. Les tendances seront étudiées dans la troisième partie.

1. La communication de proximité

Elle est constituée par l'ensemble des échanges qui s'opèrent localement sur le lieu de l'activité professionnelle du salarié.

Ces rencontres peuvent s'effectuer au niveau du management direct (encadrement) mais également par le top management de l'entreprise dans le cadre de visites spontanées ou planifiées sur le terrain. Cette présence physique est importante à trois titres :

– l'*écoute* : permettre au management de mesurer le climat social sans l'intermédiaire des études et sans le filtre de la reformulation opérée par la DRH ;

– la *diffusion des messages* : faciliter l'expression des directives, celles-ci seront d'autant mieux reçues qu'elles auront été adressées directement vers le salarié ;

– le *symbole* : la présence physique des managers sur le terrain opère comme une marque de respect et de valorisation du salarié. À défaut, l'absence risque d'engendrer des rumeurs dont l'intensité négative varie selon le niveau de climat social de l'entreprise. Un climat social sain autorise l'absence de présence managériale forte, un climat négatif ne peut que se dégrader davantage.

a. La présence sur le terrain

La relation de travail est souvent devenue une activité rituelle composée de quelques codes, signes et habitudes. La recherche d'information et de sens s'accompagne également d'une quête de relations humaines basées sur le respect et la valorisation de soi. De fait, la présence sur le terrain s'appréhende comme un management proche de l'action. Elle favorise l'expression, le débat, la cohésion, la motivation. Elle est l'outil le plus opérationnel et pourtant un des plus délicats à mettre en œuvre. Ce type de rencontre sur le terrain peut également s'effectuer en prolongement d'une démarche d'audit. C'est ainsi qu'à la fin des années 80 Roussel Uclaf avait adressé un questionnaire à l'ensemble de son encadrement, puisqu'il s'agissait de le valoriser directement. Les résultats amenèrent la présidence du groupe à entreprendre une tournée de onze réunions par an en France, afin de dialoguer directement avec cette population. Ces tournées explicatives déconnectées de tout audit préalable tendent aujourd'hui à se généraliser dans l'ensemble des grands groupes industriels.

Le dialogue comme la convivialité ne se décrète pas dans l'instantané, il prend place dans un projet d'entreprise basé sur le long terme.

La rencontre du chef d'entreprise avec les salariés peut s'opérer dans deux cadres.

- **La visite planifiée ou non dans une usine**

L'avantage de la planification est de renforcer une efficacité organisationnelle autorisant des échanges mieux préparés et plus approfondis, l'inconvénient réside dans l'absence de spontanéité des échanges, la tentation du management intermédiaire de valoriser l'activité locale et celle de certaines organisations syndicales d'intervenir au sein du dialogue direct. Qu'elle soit ou non annoncée localement, la rencontre avec le chef d'entreprise doit être suffisamment préparée afin d'éviter les effets pervers. Le premier d'entre eux est la visite partielle, c'est-à-dire destinée à un type de public, fréquemment l'encadrement. Il y a ici un risque d'élargissement du fossé entre les salariés et les cadres de l'entreprise. Les premiers comprendront difficilement la mise à l'écart dont ils font l'objet et l'expliqueront par un manque de considération à leur égard, voire par la crainte.

- **Les forums d'expressions directes**

Il s'agit d'une technique de communication directe avec les salariés. Elle se déroule sous la forme de rencontre avec le directeur de l'entreprise, au siège de celle-ci, souvent sous la forme d'un déjeuner ou d'un dîner. Une vingtaine de salariés, nombre moyen favorisant les échanges, sont réunis selon un rythme périodique, le plus souvent mensuel. Les salariés sont renouvelés lors de chaque rencontre. Ils peuvent être désignés aléatoirement ou par les responsables locaux d'implantations en fonction de leur capacité de dialogue. Le système aléatoire joint au volontariat de l'intéressé est le plus recommandable afin d'éviter les biais précédemment évoqués.

Le forum d'expression directe peut également s'effectuer sur des publics particuliers de l'entreprise : les jeunes embauchés, les commerciaux, les futurs retraités. Dans tous les cas, il ne doit donner lieu à aucune retranscription des propos sous peine de réduire la liberté d'expression.

b. *Le rôle de l'encadrement*

Il est parfois souligné que la communication interne ne nécessiterait pas de supports spécifiques si l'encadrement effectuait convenablement sa tâche. Derrière la boutade provocatrice se profile une réalité non contestée : le cadre est le premier relais de la communication dans l'entreprise, il en est le pivot managérial. À ce titre, il a pour mission d'informer les salariés qui dépendent de lui, de répondre à leurs interrogations et de relayer vers eux les messages de la direction de l'entreprise. Or selon une étude réalisée à l'été 2005 (Inergie/Opinion) plus de la moitié des responsables de communication interne perçoivent le manque d'implication des managers comme étant le premier frein à une bonne communication interne. Pire, la rétention d'information apparaît immédiatement derrière ce grief alors qu'elle ne figurait qu'en sixième place en 2005. Cela signifie qu'une politique de communication interne qui n'intégrerait pas l'encadrement dans son plan d'action serait vouée à l'échec. Un cadre non communicant démentirait aussitôt pour son service les discours d'ouverture et de dialogue de l'entreprise. Il doit donc être sensibilisé à l'importance de la communication dans l'entreprise par une formation adaptée, voire par l'appréciation de ses propres résultats par une nouvelle rubrique « dialogue et échange interne ». C'est dans le prisme de l'attitude de l'encadrement, de sa capacité de communication, de sa politique de diffusion ou de rétention d'informations que le salarié juge le management global. Ici également, la charge de travail des cadres limite singulièrement le temps disponible au dialogue.

En dehors de quelques rendez-vous périodiques, le rôle communicationnel du cadre s'exprime principalement par une multitude de petits actes quotidiens.

- **L'entretien individuel**

Organisé sur une base annuelle dans plus de 80 % des entreprises françaises, il répond à un objectif d'évaluation de chacun dans son activité et de positionnement au sein d'un plan de carrière. Si la finalité est clairement managériale (bilan et perspectives), l'angle de la communication est important puisqu'il autorise un dialogue en face à face directement centré sur l'individu. Pour être pleinement efficace, un entretien doit durer près de deux heures, il doit se dérouler dans une atmosphère de confiance et demande surtout à être préparé de part et d'autre. Un canevas type doit exister dans l'entreprise afin d'harmoniser l'ensemble des entretiens. De même, ceux-ci doivent se terminer par un compte rendu signé par les deux parties.

• **L'entretien informel**

Il s'agit des rencontres pouvant s'opérer de manière périodique, soit collectivement, soit en face à face, et dont l'objectif est de dresser les directives pour la période à venir. Ainsi, un cadre peut, généralement le lundi matin, réunir son équipe afin de dresser un bilan de la semaine écoulée et tracer les perspectives de celle à venir. Ces rencontres permettent à chacun de se tenir informé sur le contenu de son activité professionnelle. Elles tiennent lieu d'occasion d'échange sur tout sujet de préoccupation des salariés, voire sur des événements externes au service mais concernant l'entreprise. C'est également dans ce cadre que peuvent être relayées des actions de communication interne (audit, projet d'entreprise) ou commentées des informations diffusées sur des supports internes comme le journal d'entreprise. Ce volet est d'autant plus important qu'il permet de mettre du sens autour d'une information diffusée ; il doit donc être systématiquement encouragé.

• **Les actes de la vie professionnelle**

Parallèlement aux supports classiques, la réussite d'une politique de communication interne basée sur l'encadrement repose sur des actes simples mais à fort contenu en termes de signification. Une porte fermée en permanence, une absence de curiosité envers la vie privée des salariés de son service, une attitude en permanence distante ou hautaine ne favorisent pas le dialogue. Il est important que chaque cadre prenne conscience de son rôle clé en ce domaine et applique quelques principes dont trois sont déterminants :

– le principe de valorisation du salarié au travers de félicitations individuelles ou publiques si les résultats le justifient ;

– le principe d'information qui implique que le cadre doit rendre compte de ses activités devant ses subordonnés et non seulement devant ses supérieurs. L'équipe ne peut être cohérente si les salariés ignorent les activités de leur supérieur hiérarchique, les raisons de ses déplacements ou de ses fréquentes réunions ;

– le principe de convivialité qui exprime la nécessité de briser les coutumes professionnelles par des occasions informelles externes à l'entreprise. Une simple invitation à déjeuner en dehors du restaurant d'entreprise pourra fréquemment permettre un dialogue plus consistant qu'une multitude de réunions formelles.

2. La gestion des réunions

Premier outil de communication interne, pratiqué par la quasi-totalité des entreprises françaises, la réunion est l'outil le plus utilisé tout en étant le plus critiqué. Il est constaté qu'un cadre passe plus de la moitié de son temps de travail en réunion et cette part peut s'accroître considérablement selon le type d'activité et la place du cadre dans l'organigramme de l'entreprise. La réunion est l'outil le plus chronophage, le plus vilipendé en interne et pourtant sa fréquence continue de s'accroître malgré les possibilités offertes par les moyens technologiques comme la téléréunion ou la visioconférence.

a. Les réunions de service

• Outils de communication

Même si elles ne sont pas, *stricto sensu*, des outils de communication interne puisque leur finalité première réside dans l'échange d'informations techniques en vue d'un objectif d'atteinte des résultats, les réunions de service restent un outil essentiel de communication, ne serait-ce qu'eu égard à leur importance quotidienne.

La réunion de service répond à un étrange paradoxe : la quasi-totalité des salariés et plus particulièrement des cadres se plaignent de la « réunionnite », c'est-à-dire du temps considéré comme perdu par la répétition des réunions, alors que dans le même temps, ils se montrent prêts à toutes les manœuvres pour intégrer une réunion à laquelle ils n'auraient pas été conviés. La réunion est donc un lieu de travail et d'échange, c'est aussi un lieu de pouvoir et de reconnaissance ce qui explique l'inertie dont elle fait l'objet.

Quelques règles permettent toutefois d'en renforcer l'efficacité.

Dix conseils pour des réunions efficaces

1. S'interroger sur la finalité : la réunion est-elle utile ? Ma présence est-elle indispensable ?
2. Les participants connaissent-ils l'objectif ?
3. L'ordre du jour a-t-il été communiqué à chacun ?
4. Les participants ont-ils eu le temps de préparer la réunion ?
5. La salle est-elle adaptée ?
6. L'animateur et le responsable du compte rendu de la réunion ont-ils été désignés ?
7. L'horaire est-il correctement maîtrisé (début et fin de la réunion) ?
8. L'expression de chacun a-t-elle pu être formulée ?
9. Les décisions majeures peuvent-elles être synthétisées en fin de réunion ?
10. Le compte rendu peut-il être rapidement diffusé aux participants et à mes collaborateurs ?

- **Place de la réunion dans le dispositif de la communication interne**

La réunion est un lieu d'échange à deux titres :

– *directement*, par les débats entre participants, elle permet une circulation d'information et favorise le décloisonnement entre services ;

– *indirectement*, parce que, en dehors du cercle des participants, il importe d'informer non seulement le management supérieur, mais également les subordonnés. À moins d'informations confidentielles, il est conseillé de diffuser le compte rendu aux membres de son équipe. À défaut, ceux-ci auront l'impression que leur chef est constamment « en réunion » sans la compréhension des finalités. La construction d'un esprit d'équipe passe par ces modalités simples mais efficaces.

b. Les réunions interservices

La réunion interservices est une technique encore peu répandue malgré ses avantages de simplicité et d'efficacité. Elle a pour objectif de permettre la rencontre entre différents services de l'entreprise sur une base de flexibilité et de décloisonnement. Elle se présente sous deux formes.

- **La rencontre interservices**

Il s'agit ici de réunions entre l'ensemble des membres d'un nombre réduit de services de l'entreprise : par exemple, entre le service comptable et le service commercial ou entre le service travaux et le service du personnel. L'idéal est que l'ensemble ne comprenne pas plus de 20 à 30 personnes de manière à ce que chacun puisse rapidement se présenter et décrire son activité. Ces réunions d'une durée de deux à trois heures permettent de mieux connaître les activités d'autres personnes de l'entreprise ainsi que les enjeux et contraintes de différents services. Elles bénéficient d'un attrait interne dû aux perspectives relationnelles induites et au décloisonnement recherché. Elles ne nécessitent aucune préparation spéciale ni aucun matériel particulier, à l'exception d'une salle de réunions et d'un ordre du jour restreint laissant une place suffisante à la convivialité et aux échanges entre participants. Les seuls inconvénients de ce type de rencontre sont qu'elle peut apparaître comme une modalité supplémentaire de réunion, ce risque est toutefois limité en raison d'une forte attente interne et de la diffusion, organisée ou non, des résultats en termes de satisfaction d'expériences similaires au sein d'autres services.

- **La porte ouverte interne**

Elle se pratique sur le même modèle que la rencontre interservices mais à une échelle plus importante et de manière plus organisée. Elle est issue des journées portes ouvertes classiques avec la différence que le public invité est le personnel de l'entreprise. Plusieurs modalités sont ici envisageables en fonction du niveau d'organisation conféré à l'événement. La porte ouverte peut se pratiquer de manière individuelle en permettant à chaque salarié de se voir présenter différentes activités, ou collectivement à l'exemple d'une série de petites réunions interservices. La porte ouverte nécessite une organisation plus importante, elle est également plus onéreuse et risque d'apparaître artificielle à moins qu'elle n'ait été préparée suffisamment en amont au sein d'un projet participatif.

Ces modalités restent à conseiller fortement lorsqu'elles s'appuient sur la convivialité et la participation des salariés. Basée sur une forte attente de connaissance des activités d'autres services, la réunion interservices apporte une réponse concrète axée sur la valorisation des activités de chacun. Par le relationnel qu'elle renforce entre chacun, elle constitue un des meilleurs outils d'information et de cohésion au service d'une même culture d'entreprise.

c. Les événements internes

• Les conventions

Les conventions sont des moments de regroupement d'un grand nombre de salariés afin de marquer l'importance conférée à un événement. Cet événement peut être régulier ; par exemple à l'occasion des vœux du président, de la présentation du rapport annuel, d'un rendez-vous périodique regroupant certaines catégories à l'exemple des conventions commerciales ou des forums annuels de la communication, il peut aussi intervenir à l'occasion d'un événement majeur : lancement d'un nouveau produit, réorganisation du management…

L'objectif poursuivi par les conventions est généralement teinté d'ambiguïté, il s'agit d'abord d'informer les salariés présents, généralement en avant-première ; il s'agit le plus souvent de convaincre de la justesse des orientations et de mobiliser les salariés. Les organisateurs prévoient habituellement une plage réservée au travail en atelier avec désignation d'un rapporteur qui interpellera sa hiérarchie en séance publique. De fait, le véritable débat est fréquemment absent, ce qui implique une faible crédibilité de la convention : 53 % des salariés estiment que les propos tenus lors des conventions sont peu, voire pas crédibles (source : *Stratégies*, 22 juin 2006). Les conventions accueillent généralement des témoignages externes de clients, fournisseurs, voire concurrents. Des invités prestigieux visent à contribuer à leur attrait et des personnalités du monde du sport sont souvent recherchées pour leur témoignage relatif à la nécessité du dépassement de soi, l'abnégation, la motivation, l'esprit d'équipe. Des animateurs, fréquemment journalistes, viseront à dynamiser le déroulement de cette opération et dans le même objectif, une période de divertissement est très souvent aménagée (spectacle de théâtre d'entreprise, de magie, concert, visite d'une exploitation...).

Les principes de la convention obéissent à ceux de toute opération événementielle, il est recommandé d'effectuer une check-list détaillée de toutes les actions à accomplir et de désigner un responsable de chacune d'entre elles. L'opération étant généralement confiée à une agence externe, il conviendra d'être vigilant sur l'avancement de la préparation. Les conventions réussies sont celles qui ne se contentent pas de focaliser sur le jour J de l'opération, mais qui sont organisées sur le moyen terme en prévoyant les phases amont et aval et surtout en visant à impliquer sur la durée un maximum de salariés.

Au confluent de la convention et de la simple réunion de travail, le séminaire réunit un nombre restreint de participants dans un objectif de réflexion sur un thème et d'amélioration des pratiques de management.

Le road show interne, calqué sur le modèle des présentations des résultats aux actionnaires, est une série de rencontres organisées avec des publics internes de l'entreprise dans différentes régions ou pays.

> **Exemple :** en 2006, le PDG du groupe Elior s'est rendu dans 12 pays dans l'objectif de rencontrer dans chacun 80 cadres du groupe.

- **Les opérations événementielles spéciales**

Il peut s'agir des traditionnelles sorties de service qui visent l'amélioration des relations au sein d'une équipe par une meilleure connaissance mutuelle, des séminaires de motivation, parfois basés sur des activités proches des stages de survie, sur des opérations de rencontres, de débats, de créativité.

Exemple : la SNCF a lancé le 18 décembre 2006 pour 300 de ses salariés l'opération « premier train des idées d'avance » visant durant 24 heures à effectuer un gigantesque brainstorming au sein de sept wagons aménagés et correspondant chacun à une famille de métiers.

En dehors des supports classiques, la réalité de la communication interne dans l'entreprise est composée d'une multitude d'événements fréquemment déconnectés de leurs objectifs : pot de départ à la retraite ou mutation d'un collaborateur, obtention d'un important contrat commercial, vœux annuels du président de l'entreprise, etc. Ces situations constituent pourtant d'excellentes occasions pour relayer un message ou favoriser les rencontres internes à condition de respecter certains principes.

– Le recensement préalable de l'ensemble des occasions permet de les planifier afin d'obtenir les participants désirés et notamment le chef d'entreprise dont l'image ne peut que bénéficier de l'événement festif. En parallèle aux événements prévisibles (départ en retraite), l'entreprise peut, par elle-même, créer des occasions de rencontres autour de réussites. Il est essentiel de pouvoir jalonner des succès par des manifestations internes destinées à entretenir la motivation des salariés. Ces techniques peuvent être ciblées sur l'équipe ou le service au travers des *incentives*. Il s'agit ici de féliciter les promoteurs d'une réussite quelconque par un cadeau particulier, fréquemment un voyage. Il convient toutefois d'être prudent afin de ne pas démotiver les salariés ne prenant pas part au challenge, service administratif par exemple, et d'obtenir ainsi un résultat inverse basé sur la perception d'une entreprise à deux vitesses.

– L'adaptation des discours est un exercice délicat qui incombe souvent au responsable de la communication interne. Il s'agit de concilier le commentaire d'un événement, notamment le départ d'un collaborateur, avec un message au personnel de l'entreprise. Ce dernier doit être en filigrane du discours, par exemple en insistant sur quelques qualités fondamentales pour la réussite de l'entreprise : l'esprit d'équipe, la puissance de travail, l'honnêteté, etc.

III. LES SUPPORTS TECHNIQUES

L'évolution actuelle de la communication interne se caractérise par deux éléments : d'abord une demande de « sens » émise par les salariés sur leur travail qui incite la direction à développer de nouveaux outils, et d'autre part l'utilisation qui se généralise des nouvelles technologies de la communication au service du dialogue dans l'entreprise.

1. Les supports traditionnels

a. Le journal électronique

Il se décompose en deux techniques : celle du panneau lumineux d'information, spécialement conçu pour les messages de l'entreprise, et celle du journal vidéotex dont les messages se déroulent sur des moniteurs de télévision.

- **Objectif**

Il s'agit de délivrer des informations brèves puisque chaque page écran d'un journal électronique ne peut contenir qu'une phrase. La première caractéristique du journal lumineux réside dans son instantanéité ; cela signifie qu'il suffit au responsable du dispositif de taper l'information sur un clavier (ordinateur ou Minitel) pour qu'aussitôt celle-ci soit diffusée sur l'ensemble des écrans de l'entreprise. De fait, par rapport aux outils précédents, le panneau électronique permet une rapidité de diffusion très importante. En période de crise interne, l'avantage est notable. Les panneaux peuvent être utilisés pour apporter des informations générales (date, heure, fête à souhaiter, etc.), opérationnelles (don du sang), externes à l'entreprise (grève de transport) et, plus généralement, relatives à l'activité des services.

> **Exemple** : de nombreuses entreprises comme le groupe Dexia ou IBM diffusent en permanence dans le hall de leur siège social l'évolution du cours de l'action à la Bourse de Paris. Cette action a pour but d'apporter une information aux salariés, mais surtout de les sensibiliser à la finalité de leur activité : le service aux clients et la confiance envers les actionnaires.

• **Caractéristiques**

Elles sont pour l'essentiel similaires aux principes généraux de l'affichage : place de l'écran, rédaction des messages. Le principe du renouvellement régulier est encore plus réel ici, en matière électronique. L'écran attire davantage le regard et un message obsolète rejaillira négativement sur l'image de la communication interne. Il est donc impératif, avant de faire l'acquisition de cet outil, de tester préalablement le type d'information que l'entreprise serait capable de diffuser quotidiennement. À défaut d'un renouvellement périodique, il est préférable de s'orienter vers les voies traditionnelles de l'affichage qui, pour une instantanéité réduite, présente des contraintes plus légères.

• **Critique**

Environ 15 % des entreprises disposent de journaux lumineux. Leur efficacité est variable selon les informations diffusées et le dispositif dans lequel elles s'insèrent. L'avantage du journal électronique réside dans sa rapidité et donc dans le fait qu'il permet d'apporter des informations neutres. Par conséquent, sa vocation première consiste dans la primauté d'informations brèves qui seront ensuite relayées par d'autres outils. Une réflexion sur le journal électronique doit nécessairement s'accompagner de son positionnement dans la chaîne des outils de communication interne. Sa capacité explicative est faible, mais son apport en information brute et rapide est remarquable.

b. L'agence d'information

Calquée sur l'exemple d'une agence de presse, l'agence d'information interne est née au début des années 1980 dans les entreprises possédant de multiples implantations. Elle procède de la nécessité d'améliorer la rapidité de diffusion des informations et de coordonner celles-ci autour de certains axes. De fait elle participe autant d'une politique d'information que de cohésion. Elle permet, comme le journal lumineux, de diffuser une information instantanément à un ensemble de sites nationaux ou internationaux. Elle est donc plus particulièrement destinée aux grandes entreprises à réseau disposant d'une actualité importante.

En parallèle à ces objectifs d'information et de décloisonnement, l'agence peut également poursuivre des buts directement opérationnels par l'intermédiaire de diffusion de revues de presse, d'argumentaires, de planning d'activité, de dossiers d'information, etc.

- **Caractéristiques**

L'agence fonctionne selon différentes modalités. La plus usuelle est désormais celle de la messagerie électronique qui a supplanté le télécopieur au début des années 2000 et qui permet de diffuser quasi instantanément certaines informations. Un journaliste interne est alors chargé de collecter l'information, de la mettre en forme et de la diffuser auprès de l'ensemble des sites de l'entreprise. Cela permet d'éviter aux salariés d'apprendre par la presse externe des événements internes grâce à la rapidité d'écriture et de diffusion des messages électroniques.

- **Critique**

L'agence nécessite un dispositif assez lourd basé sur un matériel adapté et des moyens humains conséquents. Sa spécificité en fait un outil rapide et fiable mais totalement descendant. Basée au siège de l'entreprise, elle diffuse l'information de celui-ci vers les implantations locales ou étrangères. L'interactivité et la participation sont inexistantes. En outre, le parti de rapidité rédactionnelle et de lecture au profit de dépêche interne d'une page ou deux entraîne souvent un style incantatoire connotant l'agence comme étant principalement le relais de la direction générale de l'entreprise. Enfin, la rédaction journalistique, c'est-à-dire en temps réel, s'accommode mal d'une réflexion approfondie sur les enjeux réels d'un événement qui ne pourront être abordés qu'au sein d'autres canaux.

> **Exemples** : l'agence d'information interne de Renault diffuse les informations en provenance de la direction générale dans l'ensemble des implantations du groupe, tant en France qu'à l'étranger. Elle s'adresse aux dirigeants d'implantations, aux chargés de communication et aux services des ressources humaines. Grâce au réseau électronique, elle diffuse quasi quotidiennement une revue de presse, une synthèse sociale ainsi que les informations concernant l'entreprise et

son environnement. Crédibilité des messages, réactivité face à l'information et cohérence des discours sont les principes essentiels de l'agence.

La SNCF a de son côté lancé en juin 2004 un dispositif « temps réel » dont l'objectif est d'informer le plus largement possible les cheminots des faits marquants de l'actualité. Cette lettre interne est diffusée presque quotidiennement sur plus de 60 000 boîtes électroniques, ce qui en fait la lettre d'information la plus diffusée en interne dans les entreprises.

Le pôle de ressources en communication interne

Pratiqué essentiellement dans les grandes entreprises (EDF, Renault, etc.), le pôle de ressources a pour finalité de mettre à disposition de tous les chargés de communication de l'entreprise, l'ensemble des outils susceptibles de les aider dans leur pratique quotidienne. Base de données de plus en plus disponible par le réseau de télécommunications, ce pôle de ressources procure ainsi l'actualité de l'entreprise sur le modèle de l'agence d'informations, un fonds documentaire sur les éléments clés de la vie du groupe et l'ensemble des outils de communication : dossiers de presse, argumentaires, revues de presse, etc. Le dispositif est également pourvu d'une fonction messagerie pour les commandes lourdes : vidéos, plaquettes, stands d'exposition, etc. Le pôle de ressources, appelé également fonds commun de communication, illustre les tendances récentes de la communication interne qui consistent à se rapprocher d'un management de proximité en décentralisant les outils et en fournissant aux communicants locaux toute l'aide dont ils pourraient avoir besoin.

2. Intranet et la communication électronique

Les communications électroniques sont définies comme constituant l'ensemble des informations diffusables informatiquement. Elles comprennent :

– les formules Intranet : banque de données interne à l'entreprise offrant à l'exemple des serveurs Internet la possibilité d'échange et de dialogue. Ses applications sont multiples et selon l'enquête 2003 de l'observatoire de l'Intranet, concernent la présentation institutionnelle de l'entreprise (69 %), la revue de presse (58 %), une lettre d'information (55 %), la présentation des services (54 %), des métiers et activités internes (53 %). L'observatoire note que la fonction RH occupe une place croissante dans la fourniture d'informations en ligne. La publication de postes à pourvoir apparaît ainsi (70 %) comme une des applications les plus fréquentes, suivie par la présentation des mouvements de personnel ou le catalogue de formation. 82 % des Intranets comportent des bases documentaires au premier rang desquelles figure l'annuaire de l'entreprise (Source : Benchmark Group 2006). Malgré une forte médiatisation, on constate que les applications consacrées au knowledge management ou au e-learning sont faiblement développées. Intranet offre à l'entreprise de multiples fonctions d'information, de partage, d'intégration, de construction de projet. France Télécom a ainsi reçu le prix 2006 du meilleur site Intranet de l'UJJEF pour ses facultés de vecteur de communication et les possibilités offertes de travail collaboratif. Les nouvelles formules de site Intranet de type web 2.0 autorisent la mise en ligne de vidéos permettant à chacun d'assister aux vœux du président, à une conférence ou une assemblée générale. Il faut également noter que, tout comme les entreprises disposent fréquemment de plusieurs journaux internes, elles gèrent aussi plusieurs Intranet. La plupart des entreprises ont mis en place un service de visualisation automatique de l'Intranet groupe dès lors que les salariés souhaitent pénétrer sur un serveur Internet. Si les deux tiers possèdent moins de neuf sites internes, elles sont 14 % à en gérer une centaine ! La Société Générale, qui a créé le premier Intranet en 1997, en possède officiellement 250 en 2006. Le budget moyen d'un site Intranet est de l'ordre de 500 000 euros.

– la newsletter se présente comme une version électronique du journal interne mais sa souplesse de configuration lui permet aujourd'hui de revêtir des formes multiples.

La plus utilisée est l'envoi régulier sur l'adresse électronique des salariés de notes d'information plus ou moins régulier dont la version dominante est celle des faits marquants. Cette formule se conçoit comme une version abrégée du journal interne, soit sous forme de tableau de bord contenant les indicateurs des résultats du service, de la direction ou de l'entreprise.

De plus en plus, les serveurs autorisent la personnalisation des informations que le salarié souhaite recevoir : informations commerciales, RH, techniques et de manière automatique, il recevra sur son poste de travail les informations correspondant à ses attentes. IBM, où il n'existe plus de journal papier, est l'une des entreprises pionnières en ce domaine. Par ailleurs, le salarié pourra décider de se contenter d'une information brève par la lecture des titres ou décider de lire un article complet en cliquant sur le titre correspondant. C'est là un moyen d'adapter l'information au salarié en évitant les surcharges informatives et en permettant différents degrés de lecture.

– les messageries électroniques qui permettent d'adresser du courrier ou de simples messages à un ou plusieurs destinataires préalablement sélectionnés ;

– les forums de discussion ou de travail de groupe. Ils permettent, moyennant l'utilisation d'un logiciel commun à plusieurs personnes, de travailler ensemble sur un même projet : gestion de projet, partage d'agenda, réunions communes...

Il est usuel de distinguer les communications électroniques des supports écrits traditionnels. Deux nuances peuvent être apportées :

– la communication électronique reste une communication écrite dont le support et les modalités d'écritures changent. Le papier cède la place à l'écran et les principes rédactionnels évoluent ; la présentation formelle est moins essentielle, les phrases plus courtes et plus directes, les formules de politesse absentes ;

– si le mode de diffusion est différent, à l'exception des messages brefs, la plupart du courrier électronique reçu par les entreprises est aussitôt imprimé en vue d'améliorer le confort de lecture.

Les weblogs (contraction entre web et log) sont apparus en 1999 mais ne se sont réellement développés qu'à partir de 2005. Ils représentent un espace d'expression où le titulaire du blog met en ligne des informations, analyses, sentiments et permet aux lecteurs de les commenter. Le blog peut aussi être utilisé dans l'entreprise comme outil collaboratif (exemple de Nike ou de Disney) ou pour permettre en interne comme en externe d'échanger sur les pratiques professionnelles (exemple de Boeing ou d'IBM). Le vrai problème du blog est dans cette liaison interne/externe et le degré de liberté consenti au salarié blogueur pour exprimer des opinions en lien avec son entreprise. Microsoft et Delta Airlines ont aussi licencié des salariés en raison de leurs blogs. À l'inverse, l'entreprise peut utiliser le blog comme outil de communication externe. Michel Édouard Leclerc utilise un blog comme outil de communication institutionnelle. Le directeur général de la SNCF tenait également jusqu'en juillet 2006 son blog, mais sur l'Intranet de l'entreprise. Dans les deux hypothèses, l'idée du blog comme outil d'expression libre et participative semble un peu éloignée.

- **Les trois caractéristiques des communications électroniques**

– Elles sont inévitables. En raison de la réduction des coûts d'installation, des avantages de rapidité de diffusion, d'accès multiple au réseau, de la pression interne, etc., ce mode de communication est amené à se généraliser rapidement, à commencer par les grandes entreprises hautement informatisées. La vitesse de progression est considérable. Non référencés parmi les *39 outils de communication interne* en 1995 [Philippe Detrie, 1995, p. 104], les outils de communication électronique sont aujourd'hui en fonctionnement dans la quasi-totalité des entreprises. 92 % des salariés disposent d'une adresse électronique sur leur lieu de travail et reçoivent en moyenne entre 10 et 20 mails quotidiens, 87 % ont l'accès Internet et 80 % l'accès à l'Intranet de leur entreprise (Source : *Cegos-Enjeux*, février 2002).

– Elles permettent l'interactivité. L'échange est instantané en raison de la vitesse de transmission. Dès sa réception, une information peut faire l'objet de commentaires, de modifications pour être retournée à l'expéditeur. 65 % des salariés estiment que les nouvelles technologies améliorent l'information entre services et 53 % avec la hiérarchie.

– Elles ouvrent les trois fonctions de la communication interne. La communication peut s'effectuer de *manière descendante* lorsque la direction adresse un message à l'ensemble de ses salariés, à l'exemple des AGF où chacun reçoit quotidiennement un message du management de l'entreprise. Elle peut également s'effectuer *de manière ascendante*, ce qui est spécifiquement le cas des boîtes à idées électroniques et de l'ensemble des forums de discussion où il s'agit de faire passer des messages à la direction de l'entreprise. Enfin la communication peut s'établir *latéralement* puisqu'elle permet à chaque salarié de s'adresser *via* le réseau à un ensemble d'interlocuteurs qui y auront un intérêt quelconque. Cette communication latérale ouvre l'espace communication de l'entreprise mais nécessite une mise en place prudente en raison du risque de court-circuit de l'encadrement intermédiaire et de la saturation du réseau. L'apprentissage du réseau débute fréquemment par une phase de surcharge en matière de réception électronique de documents.

- **Les conséquences pour l'entreprise**

Pour un coût réduit, particulièrement pour les entreprises hautement informatisées, la communication électronique offre les avantages d'instantanéité et d'interactivité. À l'inverse, elle reste peu conviviale, risque de rejaillir négativement sur le management intermédiaire, exclut les salariés non connectés, ce qui renforcerait les fractures internes entre titulaires et exclus de l'information. Si 92 % des cadres bénéficient de l'accès à Internet sur leur lieu de travail, cet accès n'est possible que pour 62 % des ouvriers. Intranet concerne aujourd'hui encore surtout les grandes entreprises équipées à 98 %, alors que les PME n'en disposent que pour 57 % d'entre elles. Elle risque également de diminuer le dialogue direct en face à face par facilité d'envoi de messages. Au total les échanges peuvent s'intensifier quantitativement mais s'appauvrir qualitativement.

La communication électronique rejaillira également sur les autres supports écrits et notamment sur le journal interne. Celui-ci sera vraisemblablement amené à s'orienter sur les sujets de réflexion à long terme puisque les informations brèves et ponctuelles circuleront instantanément sur le réseau.

De même, les grandes entreprises peuvent, *via* les banques de données, fournir aux responsables de communication interne de leurs implantations locales, les articles concernant l'activité du siège et permettre à ceux-ci de les imprimer directement au sein de leurs propres journaux internes. Cela renforce l'image de proximité de l'entreprise avec toutefois un risque de dilution de l'image globale.

La constitution et le fonctionnement des agences d'information interne sont facilités. Le courrier électronique (e-mail) permet d'adresser des messages instantanément à un nombre illimité de correspondants pouvant être implantés dans une multitude de sites étrangers ; les banques de données mettent à la disposition de chaque salarié un ensemble d'informations nouvelles ; les travaux de groupe (*groupware*) améliorent le dialogue et la coordination des activités.

Certes, la théorie de l'écrit électronique apparaît prometteuse. Il faudra néanmoins se méfier du mythe techniciste. L'outil ne peut créer à lui seul le dialogue dans l'entreprise, il dépend d'autres facteurs comme l'existence d'un réel projet d'entreprise, d'une culture commune, partagée, conviviale et dynamique.

L'électronique peut renforcer la communication interne, elle ne peut s'y substituer. Décider de la mise en place d'un réseau pour améliorer la communication conduira à l'échec si cette décision ne s'accompagne pas d'un dispositif plus vaste où les questions de finalité seront au premier rang. L'électronique peut être un atout incontournable comme un facteur de cloisonnement, l'effet dépend de l'objectif initial de la communication interne. « Communiquer pour dire quoi ? » et non « Communiquer comment ? » est la première interrogation avant tout investissement dans ce domaine. La prudence est donc recommandée, à défaut l'entreprise disposera d'un réseau performant de télécommunication interne, alors que sa politique de communication interne en sera fortement appauvrie.

3. Le journal téléphoné

- **Objectif**

Relativement peu utilisé par les entreprises françaises, ce dispositif permet à chaque salarié d'écouter les informations de l'entreprise en composant un numéro de téléphone. Un répondeur téléphonique se déclenche alors et déroule ses messages. Le journal téléphoné existe souvent en complément d'un journal écrit dont il compense la plus faible réactivité face à l'actualité. L'entreprise peut ainsi rapidement informer son personnel en période de crise. Il permet également d'annoncer des événements qui seront détaillés au sein du support écrit, le journal téléphoné ne pouvant comporter que des annonces brèves. Il permet en outre de cibler un auditoire, thématiquement ou hiérarchiquement, en ne divulguant le numéro qu'à une certaine fraction du personnel. Ceci participe d'une démarche d'« esprit club » par la valorisation des salariés possesseurs du numéro d'appel et incités de ce fait à l'écoute active. Si l'inconvénient résulte de la propagation du numéro au sein de l'entreprise, celle-ci peut être organisée hiérarchiquement. La connaissance d'un numéro considéré comme confidentiel ne peut qu'inciter à son utilisation.

Exemple : la SNCF a mis en place un système d'infos-radio accessible depuis la téléphonie interne et les réseaux extérieurs (fixes, portables). Deux éditions d'actualité ainsi qu'une revue de presse y sont diffusées quotidiennement. Elle reçoit selon l'actualité entre 10 000 et 15 000 appels mensuels.

- **Caractéristiques**

Le journal téléphoné convient, de par sa souplesse de mise en œuvre, à des PME/PMI ou à des services particuliers de grandes entreprises. Le répondeur peut ainsi délivrer régulièrement l'actualité commerciale ou sociale de l'entreprise. Pour être efficace, ce système doit respecter des contraintes de nouveauté (les informations doivent se présenter sous la forme de scoops), de régularité (pour créer une habitude et fidéliser un public) et de rapidité des informations (au-delà de cinq minutes la bande n'est plus écoutée) et ceci de manière attractive grâce à une présentation soignée.

4. La vidéotransmission

Système de transmission par satellite, elle permet de diffuser en direct une information de nature télévisuelle instantanément en de multiples points de la planète. Cette particularité prédestine plus particulièrement la vidéotransmission aux entreprises en réseau ou possédant un grand nombre d'implantations tant en France qu'à l'étranger. La seule condition technique est de disposer d'une antenne satellite susceptible de recevoir les faisceaux hertziens. Son absence n'est pas rédhibitoire puisque la plupart des palais des congrès régionaux en disposent. L'ensemble des salariés peut ainsi recevoir le même message au même moment, ce qui renforce la cohésion et la culture d'entreprise. Toutefois, en raison de sa lourdeur de mise en œuvre et de son caractère onéreux, elle est rarement pratiquée.

Ce type d'opération doit en effet être longuement préparé pour la réservation des canaux satellites, les salles externes adaptées à la réception et la mobilisation des salariés. La moindre défaillance technique suscite l'échec de la diffusion. C'est la raison pour laquelle le système est utilisé seulement par les grandes entreprises soit dans le cadre de rendez-vous annuels (les vœux du président, la présentation des résultats aux salariés), soit dans l'objectif de mettre l'accent sur une opération essentielle affectant l'entreprise (OPA, restructuration, changement de nom, de stratégie, etc.).

> **Exemple** : Électricité de France utilise régulièrement la vidéotransmission, annuellement, afin de présenter les résultats aux salariés répartis dans près de 300 unités locales. Cette opération est effectuée la veille de la présentation à la presse afin de valoriser le salarié par l'antériorité de l'information diffusée.

Selon l'actualité, d'autres vidéotransmissions peuvent être organisées lorsqu'il s'agit d'impliquer les unités dans une modification des stratégies, notamment en matière commerciale. Le fait de disposer des téléphones dans les lieux de réception permet de créer une interactivité, de favoriser les échanges et ainsi la compréhension des messages.

5. Les techniques au service des réunions

Afin d'améliorer la productivité des réunions, trois possibilités sont désormais utilisées par les entreprises : la téléréunion, le forum électronique et la visioconférence.

– La *téléréunion* consiste en une réunion téléphonique, où chacun compose un numéro d'appel et entre en connexion avec les autres participants. L'absence de visualisation des participants est remédiée par un rôle clairement défini et annoncé de l'animateur de la réunion et par l'identification préalable de chacun avant toute prise de parole. Les téléréunions sont très efficaces avec un nombre réduit de participants, inférieur à une dizaine, et dans le cadre de présentations d'informations, d'harmonisation ou de coordination. Les téléréunions de nature opérationnelle sont plus délicates à gérer.

– Le *forum électronique*. D'accès gratuit, puisqu'il suffit d'une connexion à l'Intranet de l'entreprise, souvent complémentaire de la téléréunion, le forum électronique permet un échange interactif total puisqu'il offre la possibilité d'envoyer instantanément tout document utile sur lequel chacun peut inscrire ses observations. Très constructif, il souffre d'une relative lenteur s'il est limité par la seule voie électronique.

– La *visioconférence* est basée sur le principe de la téléréunion, les images en plus. Chaque participant est équipé d'un écran sur lequel il visualise les autres membres de la réunion et d'une caméra qui le filme. L'avantage est de pouvoir identifier instantanément les orateurs et d'avoir la possibilité de présenter des documents de travail : graphiques, visuels, tableaux, etc. Son coût la réserve pour le moment à de grandes entreprises ; France Télécom, pour des raisons évidentes d'accès aux réseaux, l'utilise fréquemment. La généralisation des accès Internet devrait permettre, dans un futur proche, de banaliser cette possibilité de réunion à distance.

Téléréunions et visioconférences présentent principalement l'avantage du gain de temps en supprimant les déplacements. De même, l'expérience indique une productivité accrue, chacun se concentrant sur l'essentiel dans son temps de parole et le choix de ses propos. Les digressions sont moins nombreuses. Par contre, l'ambiance est moins détendue et plus strictement professionnelle. Ces réunions gagnent en efficacité ce qu'elles perdent en convivialité. Il est souhaitable qu'elles puissent compléter les réunions classiques, non s'y substituer en totalité.

6. L'audiovisuel

C'est abusivement que nous avons rangé l'audiovisuel au sein des outils oraux ; il mériterait sans doute une rubrique autonome. Néanmoins le fait qu'il délivre un message sonore – à l'exception des clips et diaporamas – et surtout qu'il est généralement utilisé comme introduction de débats ou de formation le prédispose davantage à la catégorie des moyens oraux. L'audiovisuel, utilisé en interne à l'entreprise, peut emprunter plusieurs formes :

– le *journal vidéo* poursuit le même type d'objectif que le journal téléphoné ou sur support papier ou électronique. Diffusé dans les lieux de rassemblement ou de passage, obéissant à de nombreuses contraintes de coût et de renouvellement des images, il reste d'un usage limité ;

– le *film d'entreprise* est destiné à présenter l'entreprise ou l'un de ses aspects aux salariés. Dans ce cadre, il peut s'assimiler à un clip de nature institutionnelle et autoporteur, c'est-à-dire qu'il ne nécessite pas de présentation préalable et n'implique pas d'échanges en aval de sa diffusion. Ce type de film est généralement projeté en boucle dans des halls d'accueil et poursuit une double finalité externe-interne.

Par ailleurs, le film peut également posséder une vocation de marketing en ce sens qu'il cherche à faire évoluer un comportement en sensibilisant un auditoire. D'une durée plus longue (10-20 minutes), le film est alors projeté devant un public captif. Introduit et commenté, il se rapproche d'un outil de formation interne et reste très efficace pour déclencher ensuite un débat avec l'auditoire.

À l'instar de l'audiovisuel exécuté à des fins externes, le film interne nécessite une préparation sous forme de cahier des charges. Il importe de prévoir en amont plusieurs éléments :

– quel est l'objectif du film ? vise-t-il à informer, à sensibiliser, à modifier un comportement, à motiver, à renforcer une cohésion ?

– quelle est sa cible ? s'agit-il de l'ensemble des salariés, d'une partie d'entre eux ? quelles sont ses attentes ?

comment faut-il formuler les messages ? quelle tonalité utiliser ?

– comment sera-t-il diffusé ? lors d'une convention sur écran géant avec l'ensemble des salariés, par petits groupes devant des moniteurs TV ? fera-t-il l'objet de débats ?

– quel réalisateur faut-il choisir ? quel est le budget disponible ?

Le cahier des charges demandera à être précis, particulièrement si le film est réalisé par un prestataire externe à l'entreprise. Destiné à une projection en interne, il est judicieux que le personnel se reconnaisse et s'identifie. Un film trop axé sur des contraintes externes sans lien avec le management interne risquerait d'être déconnecté des attentes des salariés. Ceux-ci doivent pouvoir clairement percevoir un message propre, proche des ressources humaines et des impératifs de valorisation et de mobilisation. Ici également, la participation d'un maximum de salariés à la réalisation est une garantie du succès final. C'est d'ailleurs une constante de la majorité des outils de communication interne, tant écrits qu'oraux : leur élaboration importe souvent davantage que l'effet direct qu'ils peuvent produire.

Chapitre 3

L'audit de communication interne

Conduire un audit signifie établir le diagnostic d'une situation dans une perspective de compréhension et de prise de décision. L'objectif global est de comprendre les caractéristiques d'une situation présente et de les intégrer dans la conduite d'un projet en cours.

Les démarches d'audit sont aujourd'hui adoptées dans la plupart des domaines de l'entreprise : audit financier, audit informatique, audit commercial (étude de marché), audit social, audit de qualité, audit de communication.

L'audit est le point de rencontre de deux logiques.

– Une *logique de veille*. Il s'agit d'être à l'écoute de l'environnement externe et interne de l'entreprise. En 1994, le rapport Martre, consacré à « l'intelligence économique et la stratégie des entreprises », soulignait le retard spécifiquement français dans la maîtrise du processus information-innovation-compétitivité. Le rapport Carayon remis en 2003 sur ce même sujet, revient quasiment aux mêmes conclusions et préconise un dispositif public de veille. Dans les grandes entreprises ont été créées des structures dont la mission est de surveiller l'innovation technologique, l'évolution des marchés et des réglementations, l'état d'esprit des consommateurs et le climat social interne. Exercer une veille consiste à relever à la fois les tendances « lourdes » et les signaux faibles précurseurs d'une évolution des processus collectifs. Il s'agit donc de mesurer des tendances, de discerner des indices et de construire des indicateurs.

– Une *logique de gestion et de développement*. L'audit répond aux besoins des dirigeants chargés de concevoir et de conduire la stratégie de l'entreprise. L'audit permet d'évaluer une situation en termes d'efficacité. Il consiste à dresser le constat d'une situation en mettant en évidence ses caractéristiques (sous forme de points forts et de points faibles).

L'audit est un instrument qui permet d'observer l'entreprise dans son fonctionnement, ses résultats, ses dysfonctionnements, ses menaces et opportunités. Il permet d'évaluer la capacité d'autorégulation d'une organisation. C'est donc un outil stratégique qui met en lumière des écarts par rapport à des objectifs et des prévisions.

Les missions de l'audit de communication interne (définies par l'Association française de communication interne)

- Mesurer l'impact d'un outil de communication
- Mesurer les réactions à une décision mise en œuvre
- Identifier dans l'opinion des salariés, les freins ou les points d'appui en vue d'une décision à venir
- Connaître les besoins d'information de différents publics internes

L'audit vérifie la cohérence de la politique de communication et la gestion des résultats obtenus. Il permet d'évaluer les ressources et les contraintes de l'organisation dans le domaine de la communication.

I. AUDIT ET RÉGULATION SOCIALE DE L'ENTREPRISE

L'audit doit être replacé dans l'ensemble de la régulation sociale de l'entreprise. Cette référence est d'autant plus nécessaire que l'environnement économique, social, humain se complexifie. Dans un univers incertain, détecter les malaises sociaux et les incompréhensions, repérer les changements humains et anticiper la réception des décisions sont autant de nécessités pour les décideurs.

1. De quoi parle-t-on ?

- **Définition des termes**

Détection du climat social, enquêtes d'opinions, audit de communication, veille sociale, baromètre social, observatoire social, etc. : le choix des termes retenus n'est pas neutre, chaque notion engageant une perspective et une visée spécifiques.

La veille sociale renvoie à l'étude de l'environnement et de l'interaction entre le système externe (évolution des lois, des formes de conflictualité, des aspirations des individus...) et le système interne. Les observatoires sociaux sont souvent consacrés à la détection des dysfonctionnements et à l'analyse des modalités spécifiques de coopération et de conflit dans l'entreprise.

L'audit social a, selon l'Institut international d'audit social, pour vocation de « mesurer les écarts entre le fonctionnement observé et un référentiel fixé *a priori* ». Si l'observation et la veille sociale ont une dimension descriptive, l'audit social se distingue par son caractère normatif.

Veille, observation et audit social ne sont pas des démarches neutres :

– ni dans leur finalité (passer de l'information-connaissance à l'information-action) ;

– ni dans leurs modalités (chacun engage une méthodologie spécifique) ;

– ni dans leur déroulement.

Bien que le recours à une large palette de sciences humaines soit quasi systématique (sociologie, psychologie, etc.), l'observation sociale est moins une science exacte qu'un acte de direction et de management.

• Climat social et indicateurs

La notion de climat social utilisée par bon nombre de spécialistes de l'audit n'est pas une notion simple. Ce terme, auquel on fait bien souvent appel lorsque l'entreprise est en crise, recouvre des réalités multiples : communication insatisfaisante, état des relations sociales, conditions de travail, etc.

Selon C. Levy Leboyer, le climat social n'est pas seulement la somme du moral des salariés. Il peut être modélisé dans le rapport contribution/rétribution, attente(s)/offre. Le climat social résulte de la comparaison entre ce que le salarié apporte ou attend et ce que l'entreprise offre en contrepartie. Ceci vaut dans des domaines aussi différents que la rémunération, l'information, les conditions de travail, l'expression, etc. Les méthodes d'observation d'un climat social supposent la construction d'outils et d'indicateurs. Ceux-ci sont de plusieurs types :

– les *indicateurs objectifs* : bilan social et tableaux de bord sociaux. Le bilan social, obligatoire depuis 1977 dans les entreprises de plus de 300 salariés, est composé de sept rubriques qui sont autant d'indicateurs pertinents, observables dans la durée. La sixième rubrique consacrée aux relations professionnelles comporte une partie sur l'information et la communication dans l'entreprise ;

– les *indicateurs d'opinion* : des enquêtes d'opinions sont régulièrement conduites sous différents angles. L'enquête psychosociologique est le plus souvent axée sur les méthodes de commandement, les processus de communication, les conditions de travail. L'enquête socioculturelle s'attache aux valeurs, aux représentations et aux comportements des salariés. L'enquête socio-organisationnelle évalue l'efficacité de l'interaction entre les hommes et l'organisation, sa référence est sociotechnique. Les enquêtes d'opinion sont conduites par questionnaire ou par interview.

2. Mesurer la communication interne

Alors que croissent les investissements en communication, aucun professionnel sérieux ne saurait prétendre que la communication ne peut se mesurer. C'est l'efficacité de la fonction qui est ici en jeu. Toutes les fonctions de l'entreprise intègrent aujourd'hui la dimension évaluation et doivent être en mesure de prouver leur efficacité. La communication interne n'échappe pas à ce mouvement de rationalisation et de professionnalisation. Le problème est que son action n'est pas aussi facilement évaluable que l'action des hommes de marketing ou de finances. Comme l'estime M. Tixier (*Communication et Organisation*, n° 10, 2e semestre 1996) : « Jamais les investissements humains ne pourront faire l'objet de mesures aussi rigoureuses que les investissements matériels. » Dans ce domaine, l'important n'est pas le score brut mais le différentiel, ce qui suppose des repères, des points de comparaison et une étude suivie et régulière.

Conduire un audit revient à réaliser les actions suivantes :

– mesurer des écarts entre la stratégie de l'entreprise et ce qui en est perçu, ce qui est dit et ce qui est compris (ou mémorisé), ce qui est dit et ce qui est fait, ce qui est fait et ce qui est attendu, etc. ;

– observer et évaluer une cohérence d'ensemble des messages, leur articulation interne et leur articulation sur la politique générale de l'entreprise, l'utilité des informations véhiculées, leur accessibilité, leur impact.

M. Tixier distingue deux types d'outils de mesure. Les outils qu'elle nomme « classiques » sont des outils d'observation et de pilotage dont le coût est réduit et la mise en œuvre simple. Les indicateurs retenus dans ce cas de figure peuvent être les suivants : nombre de demandes de stage, d'envoi de candidatures spontanées, retombées presse, critères financiers, etc. Cette approche est développée dans les entreprises où les budgets de communication sont réduits (PME). Les outils « sophistiqués » sont davantage des outils de validation et d'analyse. Ils engagent une approche quantitative et supposent une mise en œuvre lourde dans laquelle l'outil informatique est important.

L'audit de communication interne ne se réduit pas à la mesure des supports existants. Il doit être replacé dans les trois perspectives suivantes.

- **Mesurer la qualité des circuits et supports d'information interne**

Le Barocom, outil créé par la société de conseil en communication Inergie, permet de mesurer la qualité de la circulation de l'information dans l'entreprise. Il est composé de 40 questions : 30 questions standard et 10 autres construites avec l'entreprise. La durée moyenne de réponse à ce questionnaire écrit est de dix minutes. Le mode retenu, pour des raisons de rapidité et de coût, est celui de l'autoadministration. Il est remis aux salariés accompagné d'un courrier de la direction qui en présente les objectifs et les modalités. La restitution des résultats du baromètre se fait dans les journaux internes des unités qui l'ont adopté. Ce système d'indicateurs, plutôt quantitatif et d'utilisation relativement aisée pour l'entreprise, se développe rapidement aujourd'hui. Pour que ce type d'outil ne tombe pas dans la « sondomania » ambiante, il convient d'être vigilant envers la périodicité de l'enquête. Celle-ci doit être régulière sans être trop fréquente : un intervalle de dix-huit mois à trois ans mérite d'être respecté.

Dans la même perspective, peut être conduite l'évaluation d'outils de communication spécifiques. Ceci consiste à dresser l'inventaire des moyens de communication et sur cette base, à analyser les traits suivants :

– l'ensemble des supports d'information et leur cohérence eu égard à la volonté d'information de la direction et aux besoins d'information des salariés ;

– l'adaptation des outils aux publics visés : adaptation dans le mode de distribution, dans l'offre informationnelle, dans le style et le ton adoptés ;

– la correspondance entre contenu de l'information, cible visée et outil utilisé.

De façon plus ponctuelle, un audit du journal interne peut être décidé. Cet audit ponctuel peut prendre les deux formes suivantes.

– L'*analyse de contenu*. Elle a pour objectif de vérifier l'adaptation du journal interne au projet rédactionnel préalablement défini. Elle étudie l'ensemble des articles publiés afin d'en dresser un bilan permettant l'amélioration du journal. Elle peut se présenter sous une forme quantitative ou qualitative. La méthode quantitative consiste à étudier un document en dénombrant les différents éléments qui le constituent. Elle permet ainsi d'analyser les thèmes publiés au sein du journal, leur place, leur taille, les signataires, etc. L'analyse peut également porter sur le traitement des articles en prenant le mot comme unité de quantification. Cette variante de la méthode quantitative est appelée analyse lexicologique, elle consiste à repérer la hiérarchie des mots employés au travers de leur fréquence. La méthode qualitative est davantage utilisée en raison de sa souplesse de mise en œuvre. Elle ne procède à aucune quantification et se concentre sur la détermination des significations au travers des idées directrices de chaque article. Bien que plus subjective que la méthode quantitative, elle permet de mettre en évidence le traitement rédactionnel des articles et les signes manifestes ou accessoires émis par chacun d'eux.

– L'*analyse de lectorat*. Nécessaire périodiquement pour analyser l'adaptation du journal aux attentes de ses lecteurs, elle peut emprunter les formes indiquées ici selon l'importance croissante de leur rigueur. L'analyse de lectorat peut faire l'objet d'un encart dans un numéro. Ceci présente le triple avantage d'être facile à mettre en œuvre (donc peu onéreux), d'apporter quelques éléments sur les tendances majeures et de prouver aux lecteurs que leur avis compte pour le contenu du journal. L'insertion dans un numéro présente en contrepartie deux inconvénients. D'abord, le numéro produit un effet de halo appelé ainsi en ce qu'il influe directement sur la perception des numéros précédents. Ainsi la réponse sur la satisfaction globale du journal dépendra de la satisfaction conférée au numéro dans lequel le questionnaire est inséré. Ensuite, l'insertion entraîne un biais dans les réponses reçues puisqu'elles ne concernent que les lecteurs. Le questionnaire étant inséré, il est nécessaire de parcourir celui-ci pour le remplir et répondre. Ceci entraîne des réponses illogiques de type « Vous êtes 100 % à lire le journal ». Comme l'objectif est également de savoir pourquoi celui-ci est peu ou pas lu par certains salariés, cette méthode ne permet pas de répondre au problème posé.

Le questionnaire peut aussi être déconnecté du journal interne. Il est adressé séparément à l'ensemble des salariés, il peut concerner spécifiquement ce support ou être élargi aux questions relatives à l'ensemble de la communication interne. Ce dernier cas présente l'avantage de permettre de situer le journal dans l'ensemble du dispositif de communication ; il présente l'inconvénient d'être plus lourd à gérer.

- **Développer la qualité des relations professionnelles et hiérarchiques**

La philosophie d'IBM repose depuis longtemps sur l'idée selon laquelle un personnel satisfait engendre des clients satisfaits. Une étude interne est ainsi menée régulièrement. Au départ, elle s'adressait à tous les salariés et comportait près de 100 questions. Ce dispositif a été revu, un questionnaire d'environ 30 questions étant désormais adressé tous les six mois à un échantillon déterminé de manière aléatoire par le siège américain d'IBM. Les questions sont articulées autour de trois volets :

– « moral » des salariés : management, progression, rémunération, etc. ;

– questions spécifiques à chaque entité : relations professionnelles, organisation du travail, information ;

– questions conjoncturelles liées à un problème du moment (la qualité par exemple).

La restitution des résultats est un moment important de communication car elle se fait de manière ascendante. Chaque manager est informé des résultats de l'enquête et rapporte ses résultats à son supérieur. Ceci permet de développer la discussion entre les lignes hiérarchiques sur d'éventuels problèmes révélés par l'étude. Le dispositif IBM s'inscrit dans une perspective de développement de l'information ascendante. Sur ce plan, il est complété par deux autres actions formalisées : le principe de la porte ouverte (tout litige avec un supérieur hiérarchique (n) peut être traité par l'échelon supérieur (n + 1)), le principe du *speak up* (tout salarié peut poser une question à la direction générale qui s'engage à répondre dans les quinze jours).

- **Accompagner le changement**

L'objectif de l'audit est de connaître l'état des opinions et des représentations afin d'identifier les leviers et points de résistance au changement.

1. *Audit et observation sociale* : l'audit de communication est ici un volet du système d'observation sociale mis en œuvre par de grandes entreprises (le plus souvent publiques). Un tel système a été mis en place à la SNCF après les grèves de 1986. L'observation se déroule sur trois plans :

– des enquêtes d'opinion menées par des sociologues sont destinées à analyser les évolutions du corps social ;

– un suivi de la conflictualité est mené sur un plan quantitatif (nombre de jours de grève, catégories concernées) et qualitatif (analyse des motifs de grève, des tracts, etc.) ;

– suivi du fonctionnement de l'entreprise et de son évolution.

Un dispositif semblable a été créé à La Poste et à la RATP.

2. *Audit de culture* : il s'agit d'analyser la situation passée et présente de l'entreprise afin de déterminer le rythme et les points d'appui ou de résistance au changement. L'approche culturelle repose sur un certain nombre d'indicateurs : les fondateurs de l'entreprise (leurs valeurs et les caractéristiques de leur action), l'histoire de l'organisation (celle de ses succès et de ses échecs), l'histoire d'une entreprise ne devant pas être pratiquée – comme cela est souvent le cas – sur le mode de l'histoire des batailles, son ou ses métiers et les valeurs qui lui (leur) sont attachées et son code symbolique (ensemble de rites, de langages, de modes d'être ensemble, caractéristiques de toute organisation).

Cette forme particulière d'audit mobilise une palette de moyens d'investigation :

– l'analyse documentaire : analyse diachronique des documents internes (statuts, cahiers de procédures, livrets d'accueil, presse interne, notes internes, règlement intérieur, manuels de management, accords d'entreprise, bilan social, etc.) ;

– entretiens menés auprès de membres de l'organisation et destinés à mesurer leur perception du fonctionnement passé et présent, leur appréciation des événements critiques, la hiérarchie de leurs valeurs. L'échantillon retenu se fondera sur des critères classiques : ancienneté dans l'entreprise, métier, secteur d'activité, évolution professionnelle ;

– l'observation est une méthode qui ne suscite pas l'unanimité. Elle peut selon certains permettre de recueillir un matériau riche. Pour d'autres, tel M. Crozier, il est inconcevable d'observer frontalement les caractéristiques culturelles d'une organisation, celles-ci ne pouvant qu'être reconstituées après coup, après une entrée en observation sur des aspects tangibles (rémunération, organisation, etc.).

L'audit de culture mobilise conjointement ou séparément trois types de sciences humaines et sociales : l'analyse linguistique qui prend pour objet l'ensemble des textes émis par l'entreprise et repose sur l'analyse documentaire, l'approche psychosociologique qui passe par des entretiens et/ou un questionnaire et l'approche ethnologique qui consiste à étudier une entreprise comme on le fait pour une population exotique, donc à observer et à tenir un carnet de bord.

Les trois axes de l'audit de communication interne vont du plus pointu au plus large. Ils nous font passer de l'audit technique d'un support à un audit de communication élargi (managérial) et stratégique (social). La décision d'un audit peut naître d'un problème ponctuel de même qu'elle peut engager une perspective plus large.

II. MÉTHODOLOGIES DE L'AUDIT

La méthodologie est une dimension importante et délicate. Elle est importante car elle détermine la légitimité et la pertinence des résultats. Elle est délicate car il est essentiel de ne pas perturber l'objet de l'étude, soit l'ensemble de représentations d'opinions et d'attitudes qu'il convient d'enregistrer sans les modifier.

L'étape essentielle dont dépendent toutes les techniques d'enquête consiste dans la définition des objectifs. De ce choix initial dépendent la population à étudier, les moyens et techniques de recherche.

L'objectif de l'audit (quelles informations désire-t-on obtenir ? quel est le problème posé ? quelle est la population concernée ?) doit être soigneusement déterminé au départ. Le pilote de l'audit (consultant externe et/ou interne) doit être désigné. En lien avec la direction générale et/ou la direction de communication, l'auditeur établira un cahier des charges puis un plan d'étude qui précisera les modalités pratiques (techniques, financières et temporelles).

Le choix de l'auditeur est important : un bon auditeur a les qualités du scientifique (rigueur dans la démarche), du pédagogue (capacité à faire comprendre les résultats) et du diplomate (faire accepter les résultats).

Le moment et la durée de l'audit sont variables et dépendent de l'objectif poursuivi. Une enquête en profondeur demande un délai de deux à trois mois mais il faut noter que les moyens techniques actuels permettent en certaines occasions (convention, réaction à un discours etc.) de mesurer en temps réel la perception et l'opinion des salariés.

1. Les principales techniques d'enquête

– Les *techniques documentaires* reposent sur l'analyse de textes et documents écrits. L'audit financier ou comptable repose sur cette technique mais aussi un volet de l'audit culturel (voir *infra)* qui reconstitue l'histoire d'une organisation à partir de ses traces écrites. Le diagnostic d'un support interne repose également sur cette base, il engage l'analyse de contenu d'un ensemble de numéros du journal interne (voir *infra*). Les techniques documentaires permettent de mettre au jour des tendances, de comprendre des processus, de rechercher des facteurs explicatifs. Travaillant sur des matériaux soigneusement définis, elles présentent une garantie d'objectivité et ont le grand avantage d'être peu onéreuses. En revanche, elles ne permettent pas de connaître l'usage qui est fait des supports analysés, la réception qui en est faite, l'opinion qui en résulte.

– Les *techniques dites vivantes* reposent sur l'interrogation et l'observation et envisagent l'outil de communication dans une perspective de réception et d'appropriation. Ces dernières sont le plus souvent mobilisées en audit de communication. Elles seront donc détaillées dans la suite.

Ces deux techniques ne sont pas exclusives l'une de l'autre, elles peuvent se compléter.

- **L'entretien**

Il est mené auprès d'individus sur la base d'un canevas de questions préalablement construit. Il se déroule en face à face dans un lieu neutre qui préserve la confidentialité et la liberté des propos. Les entretiens menés dans le cadre d'un audit de communication concernent généralement l'un des trois points suivants. L'entretien peut être destiné à étudier des attitudes et des pratiques (temps consacré à la lecture de supports, à la recherche d'informations, à l'organisation de la circulation d'informations, etc.). Il peut avoir pour objet l'étude des motivations (facteur déclenchant des comportements) ou viser l'étude de l'opinion d'un groupe. Les entretiens peuvent donc être conduits à différents niveaux ; selon les cas retenus ils permettent d'apporter une réponse à trois questions différentes : que faites-vous ? (étude d'attitude) ; que voulez-vous ? (étude de motivation) ; que pensez-vous ? (étude d'opinion).

Les entretiens sont retranscrits et font dans un second temps l'objet d'une analyse qualitative qui examine systématiquement le contenu des propos recueillis, le classe en thèmes selon un principe de fréquence et/ou d'importance. L'analyse de contenu part des paroles recueillies pour extraire et classer des significations. Ceci engage plusieurs méthodes possibles, des plus rudimentaires aux plus élaborées, du comptage des mots jusqu'à une analyse sémantique ou sémiologique en passant par des traitements informatisés. L'analyse thématique reste la méthode la plus utilisée ; elle permet de mettre en valeur la récurrence, la répétition des phénomènes qui sont classés dans des catégories plus larges.

L'intérêt de cette approche consiste dans le sérieux des informations recueillies, dans la perspicacité de l'analyse et dans la finesse des remarques qui en sont tirées. L'audit qualitatif permet de soulever de nouveaux problèmes, de révéler des faits, de suggérer des processus et de dégager des pistes d'explication. Bien souvent, ce type d'investigation demande à être confirmé, précisé et étendu. L'approche qualitative se prolonge alors par une étude quantitative qui repose sur l'administration d'un questionnaire.

- **Le questionnaire écrit**

Il compte un nombre limité de questions (50 est un maximum, 30 est un nombre satisfaisant qui ne provoque pas de lassitude) fermées, ouvertes ou semi-ouvertes. Les questions doivent être compréhensibles par tous, c'est-à-dire formulées de façon courte dans un langage adapté au profil des personnes interrogées, et sans aucune ambiguïté. Il est utile de tester à l'avance les questions auprès de quelques personnes afin de conforter ou rectifier la formulation. Les questionnaires seront distribués par courrier ou par courriel (interne ou externe), accompagnés d'une lettre explicative ou diffusés par la hiérarchie. Les réponses au questionnaire sont anonymes.

L'enquête par questionnaire est intéressante car elle concerne une large population, elle permet une expression libre (rendue possible par l'anonymat) et peut faire l'objet d'un traitement informatique. En revanche, elle est une démarche relativement coûteuse et rigide (les questions posées délimitent strictement le champ de la problématique). Par ailleurs, le taux de réponse à un questionnaire est variable. Un taux de retour à hauteur de 3 à 5 % traduit un désintérêt manifeste à l'égard de la problématique posée. À l'inverse, un taux de réponse de 50 % exprime une forte sensibilité envers la question. Un taux de retour moyen se situe entre 20 et 30 %. L'esprit de géométrie l'emporte ici sur l'esprit de finesse. L'approche quantitative rend possible la présentation statistique d'une population et de ses caractéristiques, elle permet d'établir ou de vérifier des corrélations qui sont soit des régularités, soit des causalités.

2. La constitution d'un échantillon

Le principe de l'échantillon est de constituer une sous-population qui résume fidèlement les caractéristiques de la population globale. La taille et la nature de l'échantillon diffèrent selon le type d'approche (qualitative ou quantitative).

Une enquête qualitative par entretien sera pertinente si elle se déroule auprès de 30 à 50 personnes. En deçà, la multiplicité et la variété des points de vue peuvent ne pas être repérées, au-delà se développe le risque de répétition. Un tel échantillon ne peut être considéré comme représentatif. Il est toutefois indicatif et pertinent dès lors que les personnes retenues présentent des caractéristiques variées (en âge, en sexe, en ancienneté, en position dans l'organisation). L'important est ici de reproduire la plus grande diversité de personnes donc d'opinions et de comportements.

L'enquête par questionnaire repose sur un échantillon beaucoup plus large. Le choix s'effectuera en fonction de la population totale de l'entreprise :

– si l'entreprise est constituée de moins de 1 000 salariés, le questionnaire pourra être adressé à tous ;

– si elle rassemble plus de 1 000 salariés, un échantillon sera constitué selon la méthode dite des quotas. Cette méthode est empirique mais commode, elle permet de dégager des informations très satisfaisantes ;

– si elle est composée de plus de 10 000 salariés, la sélection de l'échantillon se fera de manière aléatoire ou probabiliste. Ce choix dit au hasard ne renvoie pas à quelque fantaisie, il repose sur le calcul et la distribution des probabilités. Il s'agit en fait d'un mode rigoureux et scientifique de création d'un échantillon, celui qu'utilise notamment l'INSEE.

Il n'y a donc pas de réponse type à la question : combien de personnes faut-il interroger ? Tout dépend de la population de départ et surtout de l'objet de l'enquête. Notons enfin que le taux de personnes répondant au questionnaire est en lui-même significatif de l'intérêt du sujet dans l'entreprise. C'est à partir de ce taux que doivent être interprétés les résultats de l'enquête.

III. DU BON USAGE DE L'AUDIT

1. Les conditions de validité

Le dispositif d'audit le plus sophistiqué ne garantit pas le succès. La technicité de la démarche doit être complétée par un certain nombre de conditions et de précautions.

- **Les conditions techniques**

– *L'adaptation à un objectif clairement établi* dès le départ et porté à la connaissance des publics visés. La nature de l'objectif conditionne en grande partie le choix de la méthodologie adoptée : étude quantitative menée par questionnaire auprès d'un panel représentatif, étude qualitative sous forme d'entretiens auprès de populations ciblées.

– *L'information autour de l'audit.* Celle-ci doit être donnée aux cibles avant l'opération et après elle. En amont, l'information porte sur les objectifs de l'enquête. Elle prend la forme d'affiche ou de lettre signée par le président et permet de prévenir les inquiétudes ou réticences. En aval, la restitution des informations recueillies doit être organisée (quels que soient les résultats) auprès des populations interrogées et/ou auprès de l'ensemble des salariés. Une information sur l'objectif et le déroulement de l'enquête est nécessaire si l'on veut éviter tout blocage durant l'observation. Pour cela, la voie hiérarchique et la voie représentative doivent être mobilisées. La restitution des résultats d'un audit traduit une volonté réelle de communication. En restituant les résultats, l'entreprise crédibilise l'opération qui vient de se dérouler. Cette phase suppose un travail de synthèse destiné à mettre en évidence les résultats essentiels qui seront présentés dans les supports existants (journal, flash, affichage).

– *La présentation finale d'un audit* doit faire la preuve de sa rigueur et doit donc inclure un volet méthodologique. Il ne s'agit pas d'exposer en détail toute la démarche et de justifier tous les choix (de populations, de questions, etc.). Cependant le dispositif technique conduisant à des conclusions décisives ne saurait être passé sous silence. Les conditions de validité de l'enquête doivent être produites. Deux versions d'un audit sont généralement établies. L'une est la version longue (sur le plan de la méthodologie et de la production de résultats), l'autre est la version courte qui présente des conclusions en fonction des problèmes qui ont suscité l'audit.

– La *confidentialité*. L'anonymat doit être garanti. Il est un gage de confiance et, partant, d'authenticité des réponses.

- **Les conditions politiques**

– La *confiance*. L'esprit dans lequel est mené l'audit de communication doit être clair. Il ne s'agit pas d'exercer une surveillance des salariés mais de comprendre des tendances et des courants d'opinion. La décision et l'objectif d'un audit doivent être expliqués afin que ce dernier soit accepté. Dans certaines entreprises, les syndicats lancent un appel au boycott à l'égard d'un audit considéré comme une manière de court-circuiter les salariés et leurs représentants.

– L'*implication des différents niveaux du management* est essentielle. Elle facilite le bon déroulement du processus d'enquête. Elle permet également de transformer un dispositif technique en occasion d'échange de débat et de réflexion.

L'audit a une fonction d'activation du débat portant sur les relations professionnelles et le style de management.

La conduite d'un audit est généralement confiée à un consultant dont la position d'extériorité à l'égard de l'entreprise présage d'un regard neuf, non influencé par le vécu de l'entreprise et le poids de ses habitudes. Ceci n'exclut pas un travail mené en partenariat avec une personne (responsable de communication interne) ou un service de l'entreprise qui facilite, précise et concrétise la démarche du consultant.

2. Audit et information ascendante

La multiplication des audits menés au sein des entreprises est en un sens le révélateur du développement d'un double souci : souci de veille (« l'entreprise à l'écoute ») et souci d'efficacité.

En un autre sens, elle peut être comprise comme le signe d'une insuffisance de l'information ascendante. La pratique systématique de l'audit révèle en creux un certain effritement du rôle d'observation et d'information que partagent le circuit hiérarchique et les instances représentatives du personnel. Le recours à l'audit peut être interprété comme révélateur d'un dysfonctionnement informationnel et communicationnel. Il renvoie aux insuffisances du canal hiérarchique qui tend à filtrer et/ou à déformer les informations qu'il transmet. Cette déformation est d'autant plus forte que les lignes hiérarchiques sont longues et composées de relais peu désireux de retransmettre certaines informations.

Il marque également les limites du canal représentatif : la fiabilité et la pertinence des informations véhiculées par ce canal sont étroitement liées au climat social interne et peuvent être troublées par des dysfonctionnements (conflits, etc.). L'essor de l'audit est donc d'une certaine manière lié à l'affaiblissement des relais traditionnels d'information ascendante.

Trois types de solutions peuvent être apportés à cette panne d'information :

– former et développer la capacité d'information de la ligne hiérarchique, leur capacité de dialogue, d'explication voire de conduite de débat ;

– vivifier le dialogue social en ne le réduisant pas à une obligation légale ;

– créer un réseau de capteurs afin de connaître le système social de l'entreprise par le recueil régulier de l'opinion d'individus situés par leurs fonctions à des positions carrefours dans l'organisation.

3. Que peut-on attendre d'un audit ?

L'audit est une démarche inductive qui part des faits pour analyser et diagnostiquer une situation mais il n'apporte pas en lui-même de solution. Tout audit suscite cependant, d'une manière ou d'une autre, une prise de conscience tant de la part des commanditaires que de celle des personnes interrogées. L'audit fait toujours réagir : poser des questions fait réfléchir celui qui y répond. Un audit enregistre et en même temps modifie insensiblement une situation sociale. Dans certains cas, la conduite ou la restitution d'un audit dans un endroit socialement sensible peut accroître la tension existante.

Un certain nombre de dérives sont possibles : des objectifs peu clairs peuvent renforcer le malaise observé, les relais traditionnels d'information peuvent être court-circuités, une routinisation peut s'installer qui conduit à observer pour observer, enfin des pressions et manipulations peuvent se réveiller à cette occasion. Le commanditaire d'un audit ne doit pas avoir les attentes d'un espion et chercher à savoir qui pense quoi. Il peut légitimement attendre d'un audit la compréhension de ce que les salariés vivent dans leur entreprise, des enjeux et des attentes qui donnent un rythme et une coloration particuliers à l'accomplissement du projet économique.

Les réserves parfois émises sur la procédure d'audit portent moins sur la qualité du diagnostic que sur l'utilisation des données recueillies. Il n'est pas rare que des audits parfaitement conduits somnolent dans quelques tiroirs ou placards...

L'audit n'est pas une fin en soi. Sa conduite exprime un souci à l'égard du personnel, la présentation de ses résultats est un signe de respect des personnes interrogées. Au-delà de ces signes forts, l'audit est le point de départ de la décision et de l'action. Il est un outil d'aide à la décision et un instrument d'action, et doit donc déboucher sur des actions. Les conséquences d'un audit doivent être assumées. C'est aussi une des conditions de sa crédibilité.

Du diagnostic, il s'agit à présent de passer au plan de communication.

Chapitre 4

Le plan de communication interne

Il exprime le choix des actions de communication interne sur une période allant généralement de un à trois ans. Certains plans de communication interne engagent une temporalité plus longue lorsqu'il s'agit de présenter un changement important par exemple une opération de privatisation avec développement d'un actionnariat interne (cas de Safran) ou une réorganisation du temps de travail.

Le plan de communication répond à un souci de cohérence et d'efficacité ; il est un des signes de la professionnalisation de la fonction. Il présente les objectifs, les cibles, les messages, les outils et le coût de l'investissement communication.

Contrairement à l'audit sur lequel il s'appuie bien souvent, le plan de communication est construit en interne. Il est l'affaire des chargés de communication et engage également le management de l'entreprise, la ligne hiérarchique étant nécessairement impliquée dans les différentes étapes de sa réalisation.

I. DÉONTOLOGIE ET PLAN DE COMMUNICATION

1. Déontologie de la profession

Une déontologie de la profession est une nécessité autant pour les chefs d'entreprises que pour les communicants, les recruteurs et les formateurs de chargés de communication interne. Deux institutions liées à la profession ont travaillé en ce sens.

En novembre 1997, l'association Entreprises et Médias, qui regroupe une centaine de directeurs de communication a élaboré des principes déontologiques. Nous extrayons trois préceptes de cette charte :

– s'efforcer de diffuser l'information en priorité en interne, sauf l'information financière, d'une manière organisée, interactive, accessible, stable et régulière ;

– ne pas se mettre en situation de délit d'entrave ;

– dans le cadre d'enquêtes internes, s'engager à respecter l'anonymat des réponses et à communiquer intégralement les résultats au panel concerné.

Pour sa part, l'Union de journaux et journalistes d'entreprises de France (UJJEF) qui réunit journalistes et communicants ayant en charge la communication interne et/ou institutionnelle propose une définition du métier et des règles qui le régissent. La charte déontologique et professionnelle de l'UJJEF définit la communication dans l'entreprise comme une discipline de management et déclare que celle-ci « ne saurait se résumer à la seule médiation des décisions stratégiques de l'entreprise ». L'article 3 de cette charte définit ainsi la mission du communicant : « Le communicant doit s'efforcer en permanence de remplir la mission qui est la sienne : favoriser l'épanouissement économique et social de l'entreprise dans la cité et sur ses marchés en respectant la volonté stratégique de ses dirigeants ; favoriser l'épanouissement professionnel des salariés de l'entreprise en respectant leur identité, leurs cultures et leur besoin permanent d'information ; faire de la communication un outil d'éveil et non d'anesthésie ; favoriser par tous les moyens un climat de confiance propice à la responsabilisation des salariés, au renforcement du rôle de l'encadrement et au développement de l'esprit d'équipe. »

Article 4 : Devoirs et droits moraux du communicant dans l'entreprise définis par l'UJJEF

Le communicant dans l'entreprise doit s'engager à produire, vérifier et développer une information vraie, honnête et transparente, claire et crédible. Les outils qu'il met en œuvre doivent respecter l'honneur et la dignité des émetteurs comme celle des destinataires de l'information. L'information doit donc y être située c'est-à-dire signée, afin que chacun dans l'entreprise sache toujours à tout moment qui parle.

Il ne doit jamais confondre le métier de communicant dans l'entreprise avec celui de propagandiste.

Il doit s'efforcer de bâtir toute stratégie de communication sur une démarche d'écoute et d'audit permanent de l'entreprise, de ses acteurs, de ses outils de communication, de ses structures et de son environnement.

2. Caractéristiques du plan de communication interne

• Une marque de professionnalisme

Le plan ne se construit pas *ex nihilo* ; il est étroitement articulé sur l'état et la stratégie de l'entreprise, sur son présent et son avenir. Il doit être adapté à la temporalité de l'organisation : il propose un cadre d'action sur un temps relativement long tout en s'adaptant aux nécessités de l'actualité et en répondant aux besoins évolutifs d'information des publics internes. Il doit donc être à la fois ouvert (proposer une ligne d'action déclinée en actions cohérentes et enchaînées) mais précis, stratégique mais pragmatique. Il propose une ligne directrice qui sera actualisée dans le choix des moyens et des cibles. Le plan de communication doit éviter ces deux écueils que sont une nature très réglementaire (qui en fait un carcan bureaucratique) et une nature purement incitative (qui le réduit à une simple déclaration d'intention).

Il est un moyen de gérer la complexité qui caractérise la communication. L'établissement du plan de communication affirme l'ambition de la communication interne : il lui donne un statut, une place à côté des autres plans et fait concrètement apparaître que la communication est un élément du fonctionnement de l'entreprise. Il fait de la communication interne une activité professionnelle, crédible, réaliste.

• Analogie avec la démarche marketing

Pour définir les objectifs puis les moyens de communication, pour situer la contribution de la communication à la stratégie générale de l'entreprise, il convient de connaître préalablement le fonctionnement et les dysfonctionnements existants. C'est pourquoi le plan de communication est généralement construit après la réalisation d'un audit. Dans un certain nombre d'entreprises, cette démarche de communication s'inspire de la démarche du marketing. L'analogie entre les deux démarches peut être comprise ainsi :

Marketing	*Communication interne*
Marché	Ensemble des salariés (marché interne)
Étude de marché	Audit de communication interne
Stratégie marketing • Politique de produits • Politique de prix • Politique de distribution • Communication publicitaire	Plan de communication • Choix des messages essentiels • Budget communication • Choix des médias • Communication interne (formulation des messages, plan médias)

Selon certains spécialistes notamment anglo-saxons, le marketing interne serait préalable au marketing externe et constituerait une véritable stratégie managériale de performance qui irait de la promotion d'une cause interne à l'instauration de relations client-fournisseur. Dans cette optique une organisation est un marché interne constitué de catégories socio-professionnelles, de leaders d'opinion mais aussi de valeurs et de systèmes d'échanges. L'ambivalence de ce paradigme est aujourd'hui soulignée ainsi que ses limites. Le recours à un marketing interne doté de méthodes sophistiquées est moins efficace lorsque se multiplient les plans sociaux, lorsque grandissent l'inquiétude et le soupçon des salariés. Il devient absurde de vouloir « vendre » l'entreprise à des salariés qui n'ont guère le choix. Comme l'estime A. Etchegoyen « le salarié est un faux client car il est captif et il ne paie pas ».

La représentation qu'une entreprise se fait du personnel constitue le point de départ à partir duquel seront effectués les choix de communication interne. À la relation client/fournisseur interne qu'ont tenté d'instaurer certaines entreprises succède aujourd'hui une vision articulée sur le couple contribution/rétribution ou encore l'idée d'une intelligence collective attentive aux compétences déployées par les individus et le groupe.

Dans cette perspective, l'objectif global de communication interne ne consiste ni à « vendre » l'entreprise (approche marketing), ni à créer des relations fusionnelles de l'individu avec l'entreprise (approche tribale et communautaire), ni à imposer l'entreprise (approche coercitive dans laquelle la communication est, pour paraphraser la formule de Clausewitz, la poursuite de la guerre par d'autres moyens). La stratégie de communication exprime une prise de position de l'entreprise à l'égard de son personnel considéré comme client, comme contrainte ou comme ressource.

- **Identifier les attentes**

La focalisation de la communication sur tel ou tel point varie selon les moments, selon les entreprises et selon les pays. L'étude SOFRES présentée au Top Com 1999 (menée auprès de 600 personnes dans 6 pays européens) permet de cerner les tendances principales :

– les Anglais valorisent avant tout l'honnêteté et la transparence ;

– les Allemands placent au premier plan la compétence et l'expertise ;

– les Français sont plus sensibles aux valeurs entrepreneuriales de dynamisme et de réussite.

Les craintes ne sont pas non plus les mêmes : 77 % des Anglais craignent une tempête sur les marchés financiers, point qui ne préoccupe que 21 % d'Allemands. La principale menace perçue en France est d'ordre social : la crainte de la grève y est plus répandue qu'ailleurs.

Pour 84 % des sondés, la fonction communication est appelée à monter en puissance dans les années à venir mais son professionnalisme n'est pas encore jugé suffisant. S'il est reconnu dans le domaine de la promotion des marques et des produits, il doit être développé dans le domaine de la communication interne.

II. LA DÉMARCHE GLOBALE

1. Partir de l'existant

La construction du plan est une démarche exigeante qui engage l'entreprise. La première exigence consiste dans l'intégration de contraintes internes et externes.

- **Intégrer les contraintes internes**

Ces contraintes sont les suivantes.

– *Suivre le rythme de l'entreprise.* Un accroissement du volume de l'activité ou à l'inverse une baisse imprévue du carnet de commandes nécessitent un travail d'information auprès des opérateurs. Une innovation technologique, un succès commercial ou le lancement d'un nouveau produit feront l'objet d'une campagne d'information interne. La soudaineté d'un événement jugé important conduit généralement à deux vagues de messages. Dans un premier temps, l'information est transmise en temps record sous forme de flashs diffusés dans les supports existants. Dans un second temps, l'événement sera plus longuement commenté dans les supports internes et replacé dans le contexte de l'activité de l'entreprise.

– *S'adapter à la disponibilité des émetteurs et des récepteurs.* Le plan de communication interne est relayé par un certain nombre d'acteurs avec lesquels il faut déterminer le rythme des opérations de communication. Quant aux destinataires, il est important de s'assurer des conditions de leur réception en fonction de différents paramètres : temps de travail (ne pas oublier ceux qui travaillent la nuit, le week-end ou temporairement), lieu de travail.

– *S'adapter aux canaux de diffusion.* Un plan de communication interne ne suppose pas nécessairement une révolution ni la création forcenée de nouveaux médias internes.

L'articulation des supports internes est une composante du plan de communication. Celle-ci peut se faire soit en simultané (généralement en cas d'événement important : un même message est diffusé en même temps sur tous les canaux), soit prendre la forme de cascades organisées (émission orale puis support écrit ou électronique). Dans tous les cas, l'accompagnement par la parole est essentiel. Malgré tous les progrès de la technique, l'oral reste le média le plus puissant.

– *Déterminer les cibles en fonction des objectifs.* Une communication efficace est une communication ciblée mise en forme et personnalisée. La complexité de toute organisation pose un problème de définition et de mise en œuvre dans la communication. La communication ne doit pas être uniforme mais adaptée à l'activité de chacun. Il ne s'agit donc pas d'inonder

Cibles	*Sous-population*
1. Tout le personnel	
2. Encadrement	2.1 Directeur général/Directeurs/ Chefs de département 2.2. Chefs de services 2.3 Maîtrise
3. Techniciens	
4. Ouvriers	
5. Administratifs/employés	
6. Populations spécifiques	6.1 Détachés-expatriés 6.2 Nouveaux arrivants/Mutés 6.3 Non francophones 6.4 Personnels touchés par des plans sociaux 6.5 Sous-traitants travaillant sur site 6.6 Intérimaires, CDD, Stagiaires 6.7 Visiteurs
7. Fonctions spécifiques	7.0 Direction générale (siège) 7.1 Personnel/Ressources humaines Formation 7.2 Finance/Gestion/Comptabilité 7.3 Informatique 7.4 Communication/Créativité/Progrès 7.5 Fabrication/Qualité/Méthode/ Gestion production 7.6 Approvisionnement/Magasin 7.7 Recherche/Développement/ Technique 7.8 Commercial/Après-vente 7.9 Équipes-groupes projets pluridisciplinaires
8. Représentants du personnel	

mais de répartir. Une étude de l'UJJEF permet de quantifier l'état de surinformation des salariés qui, quotidiennement, reçoivent en moyenne deux à trois supports écrits. Ce chiffre est plus important pour les cadres souvent noyés sous des avalanches d'informations et notes. Au « toujours plus » d'informations, il s'agit de substituer un mieux d'information.

Comme la publicité, la communication interne doit cibler de plus en plus finement ses publics et adapter besoins et moyens.

- **Intégrer les contraintes externes**

– *S'inscrire dans l'actualité du secteur d'activité*, du marché qui se modifie en permanence.

– *Être en phase avec les campagnes de communication externe* de l'organisation. La communication interne et externe est au service d'une image unifiée. Leur concordance n'est pas donnée, elle se construit. La communication interne peut relayer et expliquer en interne une campagne promotionnelle, publicitaire ou de lancement de produit. Elle fait également écho aux campagnes institutionnelles.

– Enfin, le plan de communication doit *être en phase avec les autres plans conçus dans l'entreprise* : plan qualité, plan informatique ou plan formation. L'articulation sur le plan de formation est importante car elle permet de programmer un certain nombre de stages destinés à favoriser des comportements plus communicants. Sur ce point, les actions seront convergentes et concertées.

2. Un exemple

Un exemple servira de fil conducteur ; il s'agit d'une grande entreprise du secteur métallurgique de 12 000 salariés, qui, dans sa situation et sa volonté de communication est un cas représentatif.

La *première phase* est celle du diagnostic mené ici sur une double base : analyse de contenu des supports internes (étude documentaire) et animation d'un groupe mixte (quinze personnes appartenant à des niveaux hiérarchiques et secteurs d'activités différents) durant deux demi-journées. Six principaux constats émergent de l'audit :

– un manque de cohérence entre les messages est repéré sur plusieurs plans : entre les discours internes tenus en différents lieux et entre les discours prononcés et le comportement managérial ;

– un manque d'information du personnel sur des points importants : la stratégie de l'entreprise, son environnement économique ;

– l'implication de la hiérarchie dans son rôle de communication et de relais de l'information est inégale, l'encadrement est peu sensibilisé à ce rôle ;

– la communication interne privilégie l'événementiel ;

– les circuits d'information reposent principalement sur l'écrit, ce qui freine la circulation en temps réel de l'information ;

– les supports d'information sont multiples et dispersés, ils privilégient l'information descendante au détriment de l'information ascendante.

La *seconde phase* a consisté dans une réflexion menée conjointement par le département communication interne et la direction générale de l'entreprise sur les principaux objectifs de communication pour l'année à venir.

1. Les *objectifs retenus* sont les suivants :

– ancrer la communication dans l'organisation. Aider l'encadrement dans sa mission de communication et faire participer les différents acteurs à l'échange et à la compréhension des informations ;

– assurer un système d'information qui permette de diffuser l'information au bon endroit et au bon moment, de rendre plus fluide la circulation de l'information ascendante et descendante et de faciliter le développement de situations de communication dans l'entreprise ;

– intensifier la diffusion d'informations sur les points insuffisamment développés dans les supports internes ;

– favoriser la reconnaissance du personnel, sa motivation et sa cohésion.

2. Les *choix stratégiques* : correspondant à ces objectifs, un ensemble de *mesures* a été retenu, présenté au comité de direction de l'entreprise et adopté. Les actions suivantes ont été retenues :

– action sur les messages : un principe d'action a été retenu, celui de la redondance sur quelques messages forts. Ces messages engagent les domaines suivants : connaissance de l'environnement économique de la concurrence et des difficultés que rencontre l'entreprise sur ses marchés, informations sur la stratégie adoptée et les choix retenus ;

– action sur les supports : une première forme d'action consiste à optimiser les médias existants : extension du journal téléphoné dans tous les établissements, de la messagerie électronique sur tous les sites. Une seconde forme d'action vise à réorienter les supports existants en fonction des objectifs d'information définis. Ceci se traduit par la création dans le journal interne (trimestriel) d'un article de fond rédigé par un membre du comité de direction sur la situation et la stratégie de l'entreprise. Cette information stratégique sera déclinée dans les journaux d'établissement et mise en relation avec la situation spécifique de l'établissement. Elle sera amplifiée et précisée dans un cycle de conférences créé à cette occasion dans lequel interviennent des experts internes et externes ;

– développement des situations de communication : il s'agit de développer le réflexe du « management baladeur » : petits déjeuners de la direction avec l'encadrement, participation de la hiérarchie aux événements marquants de l'entreprise. La valorisation du personnel passe par la création d'événements internes : Challenge Voile, exposition de peintures réalisées par les membres du personnel, et même (une curiosité dans le monde de l'entreprise) un concours littéraire interne auquel ont participé dans les mois suivants 700 salariés ;

– ancrage de la communication dans l'organisation : il s'agit d'aider l'encadrement dans sa mission de communication et de faire participer les acteurs à l'échange d'informations. Des dossiers spécifiques, un cycle de conférences est créé à l'intention de l'encadrement afin de l'informer et de lui permettre de démultiplier l'information reçue. Sur le plan organisationnel sont créées dans chaque établissement des commissions locales de communication animées par le responsable de communication du site et composées de volontaires de différents niveaux et secteurs d'activités. Ces commissions qui se réunissent mensuellement ont un rôle de conception, d'animation, de coordination et de diffusion des actions et des messages. Elles sont transversales par leur composition, opérationnelles par leurs missions et animées par des professionnels de la communication (voir tableau ci-contre).

Création de commissions de communication dans une entreprise de 12 000 salariés

Commission centrale de communication interne		*Commissions locales de communication interne*
Missions spécifiques	Missions communes	Missions spécifiques
Proposer chaque année au comité de pilotage du management des orientations pour la communication et le plan de communication société Conseiller la direction générale dans ses démarches de communication et sur les moyens à mettre en œuvre en situation normale ou en cas de crise Veiller à la complémentarité des actions et supports de communication sur le plan société	Animer une réflexion permanente sur la communication Favoriser la remontée d'informations Repérer les dysfonctionnements et proposer des solutions Conseiller sur les actions de formation à la communication	Assister les unités dans leurs démarches de communication et sur les moyens à mettre en œuvre Veiller à la cohérence et à la complémentarité des actions et supports de communications locaux Conseiller les unités pour leurs plans de communication en cohérence avec le plan société Démultiplier les connaissances et compétences en matière de communication
Composition : Environ 10 personnes : 1/3 directeurs et responsables d'unités opérationnelles ; 1/3 représentants des commissions locales ; 1/3 responsables de communication		*Composition :* 10 à 12 membres : 1/3 membres de la hiérarchie ; 1/3 membres du personnels ; 1/3 chargés de communication

3. La mise en œuvre du plan

- **Validation**

Le plan de communication demande à être *validé*. Il devra bénéficier de la reconnaissance des autres directions et de l'approbation de la direction générale. Il fait l'objet d'une présentation au comité de direction. Celle-ci se fait oralement à l'aide de transparents, un support papier synthétique étant remis aux participants. La présentation doit être claire et efficace : l'exposé étant organisé autour de quelques grands points (objectifs/publics/moyens/calendrier).

Un plan de communication ne doit pas être médiatisé, il n'est ni nécessaire ni souhaitable que son contenu soit largement connu. Sa présentation au cercle restreint des dirigeants et son acceptation sont autant de garanties sur sa mise en œuvre. C'est par cet acte que le plan s'impose et engage la direction de l'entreprise.

• **Plan d'action**

La *mise en œuvre* du plan fait apparaître quatre séquences :

– la séquence des actions qui sont regroupées par grandes phases ;

– la responsabilité des actions qui identifie les pilotes de l'action ;

– le calendrier des actions qui est établi et distingue les actions étalées et les actions ponctuelles ;

– le budget des opérations.

Leur orchestration peut être formalisée par un tableau dont les entrées seraient : axes de communication, actions, nom des pilotes, calendrier, budget, public visé.

Le plan de communication prévoit l'action mais aussi *le suivi de l'action*. L'évaluation du plan de communication fait partie intégrante du plan. L'évaluation de la communication interne engage l'analyse de l'utilité et de l'efficacité des actions. Elle permet de s'assurer que les objectifs ne sont ni hors de portée ni mal définis et que les actions mises en œuvre leur correspondent. L'évaluation permet également l'échange d'expériences et fait progresser la méthodologie de l'action. Elle a enfin cet immense avantage d'éviter l'enfermement des communicants dans leur tour d'ivoire et le rejet par les salariés d'une communication éloignée de leurs préoccupations.

Les résultats attendus d'un suivi se situent sur deux plans :

– l'utilisation immédiate de l'outil et la compréhension spontanée du message : l'information a-t-elle bien été reçue par le public visé ? celui-ci l'a-t-il comprise et mémorisée ?

– les répercussions indirectes sur les représentations, les comportements et les compétences du public destinataire : leur adhésion aux objectifs est-elle renforcée ? le développement des réseaux relationnels s'effectue-t-il ? l'autonomie d'action est-elle renforcée ?

Il faut donc concevoir des indicateurs permettant d'évaluer les résultats obtenus par les actions mises en place. Plusieurs moyens peuvent être envisagés : questionnaires de fin de stage, groupes tests, réunions d'expression des salariés, réunions des nouveaux embauchés en sont quelques exemples. L'évaluation pourra être ponctuelle (analyse des supports existants, étude d'impact, enquête d'opinion) ou permanente (création d'un baromètre d'image interne fondé sur l'administration d'un questionnaire à intervalles réguliers et auprès des publics cibles). Le plan de communication peut s'achever par ce par quoi il a commencé : l'audit.

III. PROBLÈMES ACTUELS DE LA FONCTION ET PERSPECTIVES D'AVENIR

1. Concilier temps long et temps court, global et local

La fonction communication interne doit aujourd'hui travailler simultanément sur deux échelles temporelles, le temps long et le temps court.

- **De la panne d'écoute à la communication de crise**

Malgré les dispositifs souvent sophistiqués de veille sociale et enquêtes internes, le niveau de l'écoute n'augmente guère. Il existe à cela plusieurs explications : la technicisation du dispositif qui se réduit à un outil ne permet pas de comprendre l'évolution et la diversité croissante des attentes. De plus, un certain nombre d'acteurs (notamment l'encadrement intermédiaire) ne participe pas à un dispositif géré par d'autres. Enfin la coordination des mesures n'est pas toujours assurée ; il en résulte donc une cacophonie et une accumulation de données peu ou mal exploitées. L'intégration de l'écoute dans le management n'est pas encore assurée.

La vague de grèves de 1995 fut une forte remise en cause des pratiques de communication, elle a conduit à réorienter non pas les dispositions techniques mais la nature des messages émis. Certaines entreprises ont, à la lumière des événements de décembre 1995, revu leur communication. *Forum*, le journal interne des 300 000 postiers que l'UJJEF cite volontiers comme un des meilleurs, sort un mois plus tard un numéro dont la majorité des pages traite de la grève (sur la base de reportages menés un peu partout en France.) L'orientation du journal est ainsi définie par directeur de la communication : « Nous voulons aujourd'hui que les gens s'expriment sur les grands sujets qui sont ceux auxquels La Poste est confrontée : ses grandes orientations, son environnement concurrentiel, le service public... Nous avons organisé l'ensemble des numéros tout au long de l'année pour que la parole soit donnée aux postiers sur ces questions. »

L'insuffisance d'écoute s'accompagne bien souvent d'un travail sur l'urgence et d'une multiplication de la communication interne de crise. Les périodes de crise sociale marquent l'activation des moyens de communication. Pendant les grèves, les directions régionales de la SNCF ont communiqué entre elles par téléconférence et par fax. EDF-GDF SERVICES, dans une situation comparable, a privilégié l'outil électronique : le réseau informatique interne a permis aux chargés de communication des 102 unités régionales d'échanger une information rapide et spontanée. Un journal actualisé deux fois par jour était acheminé par e-mail, traitant des dossiers sensibles. Cette dimension technique n'aurait pas eu d'impact si elle n'avait été complétée par un travail mené sur le terrain : travail d'explication écrit et surtout oral conduit par les managers.

La communication interne intervient aussi dans l'urgence et, sur le modèle de la communication externe, développe des outils de communication de crise. Ce travail ponctuel doit s'accompagner d'un travail de plus longue haleine, inscrit dans le temps long : travail continu d'observation et d'écoute, construction de plans de communication destinés à favoriser un apprentissage de l'entreprise, une maîtrise de ses objectifs et de ses contraintes.

- **Mettre en œuvre une communication financière interne**

La communication interne sera de plus en plus conduite à des actions spécialisées qui relaient ou préfigurent des actions de communication externe. La privatisation d'une entreprise est une opération de communication interne à la fois spécifique et globale puisqu'il s'agit de susciter l'actionnariat interne et de favoriser une parfaite connaissance de l'entreprise. Il ne s'agit pas seulement de diffuser en interne des informations boursières, il faut aussi et surtout donner des informations très précises sur l'état présent et à venir de l'entreprise.

L'exemple de Péchiney présenté par l'AFCI, même s'il date un peu, reste pertinent dans sa démarche et dans les moyens utilisés. L'axe stratégique de communication consécutif à la décision de privatiser l'entreprise a consisté à présenter cette décision comme une chance, comme une opportunité de développement générant de faibles changements internes.

À partir de là ont été construits des outils spécifiques :

– création d'un comité de pilotage chargé de suivre l'ensemble des opérations et de veiller au calendrier ;

– création de commissions spécialisées, l'une d'elles ayant spécifiquement en charge la mission de communication interne ;

– création d'un réseau d'animateurs en France et à l'étranger choisis selon des critères de volontariat, de motivation et de capacité de communication ;

– envoi à tous les salariés (à domicile) d'une lettre du président expliquant l'opération ;

– création d'un journal interne dénommé *Actions* spécifiquement consacré à ce thème. Ce support deviendra, quelques mois plus tard, un supplément encarté dans le journal de l'entreprise ;

– organisation de forums dans lesquels les salariés d'un site peuvent rencontrer et dialoguer avec le président ;

– création d'antennes de souscription sur les sites de travail.

La communication financière interne repose ici sur deux principes destinés à éviter tout clivage entre salariés actionnaires et salariés non actionnaires. Il s'agit du respect de la confidentialité (sur le choix de chacun et les sommes investies) et d'une volonté de diffuser à tous les salariés (actionnaires ou non) les informations boursières.

Elle participe à l'approfondissement de la connaissance de l'entreprise et à la formation de la culture économique des salariés.

- **Reconquérir la confiance dans un cadre éclaté**

La multiplication de ce que l'INSEE nomme des « formes particulières d'emploi » se traduit concrètement par la coexistence, dans les mêmes locaux, de CDI, de CDD, d'intérimaires, de temps partiels, de stagiaires, d'emplois aidés, etc. Ce personnel « atypique » est dans certaines organisations plus nombreux que le personnel « normal ». L'unité du personnel vole en éclat. Grandes et petites entreprises sont concernées au point que, chez certains sous-traitants, la part du personnel intérimaire peut à certains moments atteindre les 50 %. Le secteur public (entreprises et fonction publiques) n'est pas en reste. Selon des sources syndicales, il y aurait 800 000 contractuels dans la fonction publique d'État et 400 000 dans la territoriale.

L'entreprise forme un puzzle de plus en plus difficile à unifier. La disparition de l'unité de lieu et de l'unité de temps engage une nouvelle relation avec l'entreprise. Le télétravail (qui représente 15 % des emplois aux États-Unis), la multiplication de bureaux virtuels, la flexibilisation du temps de travail qui tend à être annualisé et réparti en fonction des commandes, conduisent à une individualisation de la relation professionnelle et à une distanciation de chacun, tant à l'égard du groupe qu'à celui de l'entreprise. Dans ce contexte, des actions spécifiques de communication interne sont adoptées : Accenture ne réserve plus de bureaux personnels à ses consultants mais veille à la cohésion du groupe et à la qualité des échanges professionnels. L'accent est ainsi mis sur les outils de communication (e-mail, messagerie interne), sur l'espace (création de points d'ancrage : le *lounge*), sur le temps (réunions plus fréquentes et plus brèves), afin de multiplier les échanges et vivifier le sentiment d'appartenance.

La déstructuration du temps de travail pose un problème identique auquel sont apportées les mêmes réponses : individualisation de l'information adressée par voie postale, écrite et électronique. La dislocation du collectif de travail pose autant de problèmes aux syndicats qu'aux communicants. Elle réoriente le travail de communication vers une plus grande segmentation et individualisation. Elle conduit la communication interne à travailler plus étroitement avec le service formation. L'organisation d'un dispositif de parrainage relève de ce maillage : elle est mise au service de l'intégration des nouveaux ou de l'accueil d'individus ayant un contrat atypique, et permet de transmettre un ensemble d'informations complexes qui concernent autant l'exercice d'une activité que la culture de l'entreprise. Cette formule est très développée dans le secteur de la distribution.

L'atomisation du corps social suscite un recours systématique aux nouveaux moyens de communication et un développement intensif de la communication transversale et en réseau. L'exemple des UET (unités élémentaires de travail) de Renault est éclairant sur ce point. Au sein de ces unités mixtes (en termes de qualification) et complètes (opérant par projet), l'objectif est de privilégier l'oral et le contact en s'appuyant pour cela sur les agents de maîtrise. Se développe ainsi la pratique d'une communication de proximité, susceptible de réconcilier les salariés avec leur entreprise.

La relation des salariés à leur entreprise est aujourd'hui teintée de scepticisme. Récession, délocalisations, restructurations et autres mesures de réingénierie sont autant de facteurs déstabilisants qui brouillent le sens et la visibilité de l'action. Le travail dans l'urgence et son cortège de tensions s'installent, générateurs de stress et d'inquiétude. La crédibilité des discours s'amoindrit tandis que prolifèrent les communications informelles et de proximité.

Toutes les études menées en France et à l'étranger au cours des dernières années souligne l'ampleur de cette crise de confiance qui caractérise l'ensemble des salariés européens (à l'exception des Suisses). L'écart entre la perception de l'intérêt des entreprises et celui des salariés ne cesse de se creuser. L'inquiétude porte sur la sécurité de l'emploi et sur les possibilités de développement individuel et professionnel. Cette étude met en avant deux aspects qui engagent directement la communication interne. D'une part, les salariés notent le paradoxe croissant entre le discours ambiant (qui insiste sur la nécessité de travailler en équipe de projet) et le recrutement de salariés de passage. D'autre part, « les salariés ne disposent pas des informations stratégiques essentielles et du temps nécessaire pour assurer une réorientation professionnelle, tant la pression du court terme est forte ».

La famille, les loisirs et les amis supplantent le travail comme lieu d'épanouissement. Une étude du cabinet Towers Perrin note que le sentiment de se réaliser par le travail est le facteur d'engagement qui s'affaiblit le plus : 58 % en 2005 contre 65 % en 2003. Au niveau mondial, 9 % des salariés se disent fortement engagés, 68 % modérément, et 23 % faiblement. En France les « faiblement engagés » dans le travail sont passés de 18 à 23 %, ce qui les placent dans la moyenne mondiale.

Le système de régulation sociale s'en trouve affecté : les comportement de retrait, la défiance des partenaires sociaux, la montée des corporatismes et des replis individuels se généralisent. L'incertitude économique ambiante suscite l'hésitation des directions et des hiérarchies à s'exprimer et le retour du secret. Restaurer la confiance devient un objectif majeur de communication interne dans un univers happé par la logique financière où le travail a un sens de moins en moins visible.

Pour cela, plusieurs pistes doivent être explorées :

– faire comprendre la stratégie des entreprises. La communication interne a une dimension pédagogique que J. Rancoule analyse ainsi : « dans un contexte de mutations permanentes, où les alliances se font et se défont très vite, il est vital de donner régulièrement des repères aux salariés pour les éclairer sur les tenants et les aboutissants, les problématiques de marché, ce qui les aide à mieux comprendre les évolutions de leur groupe » (in *Entreprises et Carrières*, n° 465, 19 janvier 1999) ;

– développer la communication ascendante et la remontée de l'information en s'appuyant notamment sur les relais managériaux.

2. Les nouveaux champs de la communication interne

• De l'entreprise au service public

La communication interne n'est pas une pratique réservée aux organisations économiques ; elle se développe aujourd'hui dans un nombre croissant de secteurs et notamment dans le fonctionnement de l'État. La communication interne est devenue une nécessité liée à l'efficacité de l'administration. Son développement s'est opéré dans les années 80-90. Les services de l'État sont traditionnellement peu enclins à la communication interne. Comme l'explique J.C. Luc, l'un des rapporteurs du texte publié par le CECRSP, remis en 1995, sur « La communication interne dans l'administration publique », ils comportent un certain nombre de caractéristiques qui sont autant de freins à la communication. Les structures sont très centralisées et reposent sur un fonctionnement très hiérarchique. Par ailleurs, le secteur public a une tradition de rétention de l'information qui favorise l'existence de circuits informels et personnels puissants. À cela s'ajoutent la diversité des corps, des métiers, une grande dispersion géographique et un certain cloisonnement des structures.

Le rapport dirigé par Join-Lambert, précédemment cité, souligne à quel point la communication interne a longtemps été le parent pauvre du dispositif de communication de chaque ministère. Il souligne la rupture opérée en 1989 ; avant cette date des actions sporadiques de communication sont menées alors qu'après cette date se multiplient les supports, les initiatives et les politiques de communication. C'est à ce moment qu'ont été créés des magazines internes spécifiques tels qu'*Échanges* (ministère de l'Économie et du Budget) ou *Civic* (ministère de l'Intérieur).

Le développement de la communication interne est donc récent ; il renvoie aux modifications du rôle et de la conception de l'État. Outre les contraintes budgétaires (rapport coût/efficacité) et les attentes des usagers, il est tout d'abord lié aux changements institutionnels de décentralisation et donc de redistribution des responsabilités qui nécessitent que l'on sache qui fait quoi. L'essor de la communication interne est ensuite directement lié au projet de renouveau du service public initié en février 1989 par la circulaire du premier ministre d'alors, M. Rocard. Cette initiative n'est pas isolée, elle a été réaffirmée au fil des ans.

La modernisation du service public consiste dans la mobilisation et la responsabilisation des agents, l'objectif étant de développer plus de transparence, de lisibilité et de responsabilité. Il en résulte le besoin de susciter le dialogue à la fois avec les agents et entre les administrations. La circulaire de février 1989 regrettait que l'État se soit « trop longtemps et trop souvent organisé sur la base de la méfiance à l'égard de ses agents » ; dans le prolongement de ce constat, les textes de 1995 vont plus loin en énonçant que « les compétences et le dévouement des hommes et des femmes qui servent l'État sont des atouts essentiels pour réussir la réforme ». La réflexion sur la modernisation du secteur public va être un puissant accélérateur de la communication interne. À cette dernière revient la mission d'orchestrer et d'accompagner la modernisation administrative, mission rendue plus importante et plus délicate à l'heure de la construction européenne. L'utilité et la légitimité de la communication interne vont être pleinement reconnues.

Selon le rapport dirigé par Join-Lambert, la communication dans le service public revêt quatre formes :

– la communication de chaque ministre à l'intérieur de son administration ;

– la communication sociale liée à la vie sociale des agents ;

– la communication institutionnelle visant à renforcer un sentiment d'appartenance et à permettre à chacun de se situer par rapport à des objectifs généraux et des missions. Dans son plan de communication 1999-2000, le ministère de la Justice, qui estime que cette mission est fondamentale, développe quatre axes, chacun engageant des actions et des supports spécifiques : développer une politique d'information sur le fonctionnement de l'institution judiciaire, accompagner la mise en œuvre des réformes du ministère, renforcer le sentiment identitaire des publics internes et relayer la communication et les actions du ministère par la mise en place d'une communication territorialisée.

– la communication managériale destinée à améliorer l'exécution des missions de l'administration. Celle-ci a pris la forme de groupes de projet, de démarches de qualité, de projets de service, de travail par centre de responsabilité, etc.

L'exemple du ministère de l'Équipement est intéressant en raison de l'ampleur et de la pérennité de la démarche qui allie étroitement volonté de modernisation et politique de communication. Dès 1987, ce ministère a engagé une campagne de communication institutionnelle destinée à valoriser son image, l'image des hommes et des femmes qui y travaillent et l'image du service public. Parallèlement à la campagne externe a été mené un travail interne fait de présentations au personnel et de réunions de service. En quelques années, 70 % du personnel a été d'une manière ou d'une autre associé au projet de modernisation du ministère. En 1995, le ministère diffuse le Livre bleu, texte programmatique exposant ses valeurs (sens du service public, compétence, territorialité), ses atouts, ses missions, ses métiers, son environnement et son ambition. Cet exemple est intéressant car il montre qu'au-delà des changements ministériels, une action de communication continue est possible et facteur de modernisation.

Les perspectives de la fonction communication interne dans ce secteur sont à la fois contrastées et prometteuses. Une étude publiée par le ministère de la Fonction publique (réalisée par Mercer ISL) fait apparaître les points suivants :

– 41 % des personnes interrogées jugent la communication au sein de leur ministère assez satisfaisante et 54 % se déclarent peu satisfaites ; 23 % estiment qu'elle s'est améliorée au cours des deux dernières années ; 62 % pensent qu'elle n'a pas changé ;

– les réunions de service sont inégalement pratiquées mais la pratique de l'entretien individuel avec le supérieur hiérarchique s'est fortement développée (47 % des personnes interrogées l'ont connue dans les dix-huit derniers mois).

– l'information relative au travail quotidien circule bien, celle qui concerne la formation et la mobilité est jugée correcte. Par contre, fait défaut l'information concernant l'environnement du service (action des autres services, missions et modes de fonctionnement des autres ministères, projets en cours, etc.) ;

– 62 % des personnes interrogées se déclarent destinataires d'une revue de leur direction ou de leur ministère.

Le développement de la communication dans la fonction publique repose donc sur quatre piliers :

– la prise de conscience de l'intérêt et de la nécessité de communiquer (en externe dans un souci de transparence et de responsabilité, en interne pour améliorer les méthodes de travail) ;

– la professionnalisation accrue de la communication, même si celle-ci n'est pas (encore) reconnue dans les grilles de la fonction publique ;

– l'essor des nouvelles technologies d'information permettant d'accélérer la transmission des informations et des méthodes de travail ;

– le besoin de communication cohérente dans une perspective de modernisation des services publics.

L'audit de la fonction communication en collectivités territoriales présenté par l'association ARCICT lors du congrès de mars 2002 permet de comprendre le développement et les contours de cette fonction. Le professionnalisme gagne du terrain et la volonté des dirigeants se manifeste clairement sur ce point : sur 131 collectivités interrogées, 71 disposent d'un service de communication interne. Les outils traditionnels et modernes s'y développent : le journal interne est présent à hauteur de 84 % suivi par l'intranet développé dans 47 % des cas. Mais, la reconnaissance de la fonction n'est pas encore acquise et son relais auprès de l'encadrement est à l'heure actuelle insuffisant.

• **La communication interne de crise**

La communication interne est souvent guettée par une communication de crise qui privilégie l'urgence médiatique et la réponse aux acteurs externes.

L'interne peut être une cause directe ou indirecte de la crise. L'agitation sociale ou la grève (SNCF, EDF, Danone...) représente une forme directe qui utilise l'intérêt médiatique du conflit social afin d'afficher publiquement une revendication et de peser sur le conflit. La crise peut également être provoquée par un salarié révélant publiquement des pratiques internes condamnables (Alcatel 1995, MNEF 1999, Buffalo Grill 2002). Cette tendance pourrait s'accroître puisque, selon un enquête réalisée par l'APEC en 2003, 62 % des cadres s'estiment désormais distants de leur propre entreprise : 19 % sont mitigés, 12 % détachés, 15 % sceptiques et 16 % mécontents. Indirectement, le suicide d'un salarié, le décès d'un dirigeant, une plainte pour harcèlement moral ou sexuel, un abus de bien social..., entraînent une suspicion sur l'entreprise même.

L'interne subit plus fréquemment les conséquences d'une crise qui le dépasse. Ces conséquences peuvent s'effectuer directement (plan de licenciement, restructuration, fusion) ou indirectement, car toute crise externe introduit un bouleversement majeur sur le management et la relation qui unit le salarié à son entreprise. Les exemples récents de l'explosion de l'usine AZF (TotalFinaElf), du décès d'un enfant dans un village du Club Méditerranée, des accidents récurrents dans le domaine sanitaire ou environnemental, démontrent que la crise devient un phénomène banal, susceptible de concerner tout type d'organisation.

La communication interne se voit fréquemment délaissée alors que son intérêt peut s'appréhender à trois niveaux :

– *celui de la mobilisation interne*. Confronté aux attaques externes envers son entreprise, le salarié s'interroge sur la responsabilité de ses dirigeants, sur l'impact en termes de production et d'emploi. Dans l'objectif d'empêcher la perte de confiance envers la hiérarchie qui résulterait de la connaissance des faits par la lecture de la presse, il convient pour l'entreprise de privilégier les outils à diffusion rapide : messagerie électronique, Intranet, notes flash, numéro vert interne... ;

– *celui de l'agent ambassadeur*. Le traitement médiatique de la crise obéit au principe de la trilogie des acteurs. Après voir interviewé le responsable de l'entreprise, le journaliste fait intervenir un interlocuteur externe variable selon la nature de la crise (préfet, associations de consommateurs, écologistes...) et termine son reportage par une personne facilitant l'identification avec le lecteur ou le téléspectateur : le riverain ou le salarié de l'entreprise. Ce dernier acteur, témoin émotionnel de la crise, porte une crédibilité forte. Un silence de sa part, voire un message contradictoire avec celui, officiel, de son entreprise, risque d'entraîner une discordance dangereuse puisque suspecte ;

– *celui de la préservation de l'avenir.* La crise n'est pas un phénomène inéluctablement négatif ; bien gérée, elle ouvre des opportunités, favorisant l'accélération de restructurations, et l'engagement autour de notions de qualité et de responsabilité. Les démarches engagées par Sandoz (Novartis) et notamment l'instauration d'une charte environnementale à la suite de l'accident de Bâle qui causa une forte pollution du Rhin en novembre 1986, les chartes éthiques instaurées à La Générale et La Lyonnaise des Eaux après les accusations de corruption sur les marchés de traitement de l'eau potable, la forte mobilisation du personnel d'EDF lors de la crise de la tempête de l'hiver 1999-2000, ces exemples montrent que la gestion interne de crise représente un pan essentiel de la communication de crise globale.

- **La communication de fusion**

L'accélération des fusions et acquisitions, que celles-ci s'effectuent sous forme hostile (cas de l'OPA dite sauvage) ou amicale (offre publique d'échange de titres), représente souvent un moment de tension extrême pour les salariés, ce qui rapproche fréquemment la communication de fusion des principes de la communication de crise. Il est difficile pour un salarié de comprendre pourquoi l'entreprise concurrente, souvent diabolisée en communication interne à des fins de mobilisation, devient soudainement le partenaire indispensable à la poursuite du développement, et cela surtout dans des hypothèses où le propre management de l'entreprise a tenté jusqu'à l'accord final de s'y opposer (cas d'Arcelor lors de l'OPA du groupe Mittal en 2006). Au-delà des fusions, les restructurations sont devenues un des objectifs centraux de la communication interne. Une étude Inergie de novembre 2005 indique que la communication autour des changements d'organisation est devenue le 3e thème de la communication interne, il n'occupait que la 9e place en 2005.

- **Le développement durable**

Développement qui répond aux besoins du présent sans compromettre celui des générations futures de répondre aux leurs selon la célèbre définition du rapport Brundtland en 1987, le développement durable possède un impact fort sur la communication interne.

D'abord, parce que par définition, son objectif de relier les trois sphères du développement économique, du respect de l'environnement et du bien-être social implique le salarié dans son activité professionnelle. Le social est une composante du développement durable et l'entreprise sera également notée sur ses avancées sociales par les agences spécialisées comme Vigeo ou BMJ Core ratings.

Le développement durable est également un thème de communication interne puisqu'il représente souvent un des rares objets de consensus interne et qu'il peut ouvrir des perspectives de mobilisation et de fierté d'appartenance. Le salarié aura des chances d'être plus motivé dans des entreprises apparaissant régulièrement en tête des palmarès du développement durable comme Veolia, Dexia ou Lafarge que dans celles de bas de classement.

À l'interface du développement durable et des actions de mécénat classique, le mécénat de compétences permet au salarié sur son temps de travail et avec le soutien de son entreprise, de participer à des actions de solidarité, de protection de l'environnement ou des causes culturelles. Des entreprises comme Altran, Veolia, Club Méditerranée, Accenture ou Axa disposent d'importants programmes sur ce thème. L'Admical (Association pour le développement du mécénat) considère que parmi les entreprises qui pratiquent le mécénat, 31 % d'entre elles exercent des actions en mécénat de compétence.

Le congé de solidarité prévu par loi du 5 février 1995 s'effectue par la suspension du contrat de travail pour une période ne pouvant excéder 6 mois. Le salarié agit sur son temps libre mais l'entreprise intervient fréquemment au niveau logistique (billet d'avion, frais de séjour...) selon les accords avec les associations partenaires.

- **Internationalisation de la fonction**

L'accès des entreprises à l'échelle européenne voire mondiale transforme leur vie interne et constitue un nouveau défi pour les communicants. À partir du moment où l'échelle de l'action est internationale, il est essentiel d'organiser de nouvelles formes de coopération. En matière de communication interne, le problème posé n'est pas seulement d'ordre linguistique (il ne suffit pas de traduire) mais organisationnel et culturel.

Deux grands types de choix sont possibles :

– La relation directe avec les entités du groupe ; ce que rendent possible les nouvelles techniques de communication (messagerie électronique, vidéoconférence). Cette relation est soit ponctuelle (liée à des événements importants), soit régulière (diffusion d'informations concernant l'évolution du marché et de la Bourse).

– Une relation indirecte en plusieurs étapes dans laquelle les rôles sont répartis de manière complémentaire entre le niveau du groupe (qui définit et diffuse les messages et valeurs essentiels), le niveau des filiales (qui relaient et déclinent cette information en fonction du contexte local et ses spécificités et selon des modalités choisies par elles).

Acteur et témoin de l'évolution des politiques de communication et de leur internationalisation, André de Marco estime que la principale conséquence du changement d'échelle va dans le sens d'une plus grande simplification.

– *simplification des cibles* : la cible de la fonction communication interne passe de l'ensemble des salariés à l'ensemble des patrons opérationnels et fonctionnels de tous les pays plus les délégués et les responsables de communication par pays ;

– *simplification des messages* recentrés sur l'essentiel, les informations secondaires étant traitées au niveau local. Les informations fondamentales (une nomination clé, un changement stratégique, les résultats annuels) font l'objet d'une diffusion obligatoire. Les autres informations engagent le choix de chaque filiale ou pays ;

– *simplification des moyens* : suppression du support papier et utilisation systématique du courrier électronique.

Dans une perspective internationale, le journal interne revêt une configuration spécifique et une pertinence accrue. Sont exposés ci-après les principaux titre créés récemment par les grandes entreprises françaises, les cibles visées et le rythme de parution retenu. Ces magazines ont généralement été conçus lors d'un changement d'échelle lié à une fusion (Renault-Nissan, Altadis né de l'union de Seita et de Tabacalera), à un changement de nom (cas de Total) ou à une extension d'activités (PPR). L'essentiel des informations véhiculées concerne la vie de l'entreprise (ses produits, ses métiers, ses marchés, son organisation) et de son environnement. Les informations concernant les salariés (à l'exception des dirigeants ou de profils liés à de nouveaux métiers ou de nouvelles compétences) n'ont ici pas leur place.

La communication interne à échelle internationale n'est pas un simple problème de techniques et de moyens. Il ne suffit pas d'internationaliser les outils mais de revoir l'approche stratégique et d'envisager une problématique interculturelle spécifique. En la matière, il convient d'éviter ces deux positions extrêmes que sont d'une part les préjugés (de la méfiance aux clichés) et la tentation d'imposer un modèle unique. G. Hofstede et P. d'Iribarne ont bien mis en évidence l'impact des cultures nationales sur les modes de management et d'organisation. Il est donc important de travailler sur le rôle de la médiation qui est un rôle de compréhension et de proposition. Il s'agit de comprendre la spécificité des cultures dans lesquelles intervient l'entreprise, de rechercher ce qui peut être accepté par elles et de miser sur les complémentarités.

L'étude conduite par l'AFCI en 2006 sur les pratiques de communication interne en France, États-Unis et Royaume-

Uni fait apparaître des similitudes sur les points suivants : besoin de reconnaissance auprès du top management, besoin d'évaluation et de mise au point d'outils de mesure. Les Britanniques interrogés se déclarent soucieux de l'articulation de leur activité sur une politique de marque, de réputation et de corporate brand. Les professionnels américains relient pour leur part leur métier à une problématique éthique dominée par les principes de transparence, Trust and Truth.

Les journaux internes internationaux

Entreprise / *Titre*	*Date de création*	*Cible*	*Périodicité*	*Nb de pages*	*Éditions étrangères*	*Mode de déclinaison à l'international*	*Nb d'exemplaires*
Renault : *Global*	2000	Cœur de cible : la maîtrise	Mensuel	60 environ	Français + 5 : turque, mexicaine	Un journal institutionnel (le « français ») + un encart local par pays à la fin	20 000
Cogema : *Perspectives*	2002	L'ensemble des salariés	Trimestriel	30 environ	Français + Anglais	Traduction intégrale	20 000
Altadis : *Premium*	2000	L'ensemble des salariés	Trimestriel	36	Français + Anglais + Espagnol	Traduction intégrale	20 000
Sanofi Synthelabo : *Le Dauphin Bleu*	1999	L'ensemble des salariés	Bimestriel	Dépend de l'actualité	Français + 20 éditions étrangères	Un journal institutionnel (le « français ») + un encart local par pays à la fin	30 000
PSA : *Planète*	1998	Cœur de cible : Agents de maîtrise	Mensuel	44	Français, Anglais Espagnol, Portugais de Brésil	Sélection d'articles pertinents à l'international dans la version française	152 000
PPR : *Le Mag*	2000	Managers		35	Français + Anglais	Traduction intégrale	110 000
Total : *Dialogue*		Cadres dirigeants, patrons de sites directeurs de filiales, responsables ressources humaines et communication		24	Français + Anglais	Traduction intégrale	2 000
Marionnaud : *Plein Fard*	2001	Vendeuses conseillères beauté	Bimestriel	8	Français	Pas encore de déclinaison à l'international	5 800

Bibliographie

1. Ouvrages

Agnès Y., Durier M., *L'Entreprise sous presse*, Dunod, 1992.

D'Almeida N., *Les Promesses de la communication*, PUF, 2001.

D'Almeida N., Nutkowicz A., *Les Projets d'entreprise dans la tourmente*, Éditions Liaisons, 1993.

Béal J.-P., Lestocart P.A., *La communication interne*, Démos, 2003.

Collectif, *La Communication interne dans les administrations publiques*, La Documentation française, 1995.

Crozier M., *L'Entreprise à l'écoute*, InterÉditions, 1989.

Décaudin J.M., Igalens J., *La Communication interne*, Dunod, 2006.

Delcambre P. (éd.), *Objets, dispositifs et pratiques en communication*, PUR, 2000.

Detrie P., Meslin-Broyez C., *La Communication interne au service du management*, Éditions Liaisons, 2001, 2e édition.

Donjean C., *La Communication interne*, Edipro, 2006.

Duterme C., *La communication interne en entreprise*, De Boeck Université, 2002.

Foulard C. (ed.), *L'Entreprise communicante*, Hermès, 1999.

Hotier H. (sous la direction de), *Coexister dans les mondes organisationnels*, L'Harmattan, 2003.

D'Iribarne P., *La Logique de l'honneur*, Le Seuil, 1989.

Le Goff J.-P., *Le Mythe de l'entreprise*, La Découverte, 1992.

Le Moenne C. (sous la direction de), *Communication d'entreprises et d'organisations*, PUR, 1998.

Libaert T., *La Communication de crise*, Dunod, 2005, 2e édition.

Libaert T., *Le Plan de communication*, Dunod, 2003, 2e édition.

Malaval C., *La Presse d'entreprise en France*, Belin, 2001.

Mucchielli A., *La Nouvelle Communication interne*, Armand Colin, 2001.

Neveu E., *Une société de communication ?*, Montchrestien, 2001, 3e édition.

Olivesi S., *La Communication au travail*, PUG, 2002.

Perez S., Pietrac E., *Entreprises-salariés : une autre idée de la relation*, JML, 2003.

Sainsaulieu R. (sous la direction de), *Les Mondes sociaux de l'entreprise*, Desclée de Brouwer, 1995 ; La Découverte, 2007.

2. Revues spécialisées

Les Cahiers de la communication interne – Édité par l'AFCI (Association française de la communication interne), Tél. : 01 41 09 05 25. Semestriel. Site : www.afci.asso.fr

Com'Ent – Le journal de l'UJJEF (Union de journaux et journalistes d'entreprises de France), Tél. : 01 47 03 68 00. Trimestriel. Site : www.ujjef.com.

Communication et organisation, revue semestrielle de l'université de Bordeaux III.

3. Contact auteurs

http://tlibaert.info
nicole.dalmeida-celsa@paris4.sorbonne.fr

Index

AFCI (Association française de communication interne) : 24, 26, 78, 109, 120
agence d'information : 28, 64-66, 71
analyse de contenu : 82, 87, 102
analyse de lectorat : 83
ascendant : 22, 50, 51, 70, 84, 103, 113
audit : 72, 98, 107

bilan social : 21, 80
boîte à idées : 50, 70

cadres : 19, 23, 35, 54, 70, 101
climat social : 32, 53, 77, 92
comité d'entreprise : 20, 22, 23
communication de crise : 7, 12, 107
communication électronique (procédé, messagerie) : 66, 104, 118
communication externe : 7, 15, 41, 102
communication financière : 7, 10, 109
communication globale : 9, 12
culture d'entreprise : 28, 29, 60, 73, 111

déontologie : 29, 95
descendant : 7, 22, 27, 45, 52, 65, 69, 103
DRH : 14, 53
documentation : 46

E-mail : 71, 108, 110
encadrement : 28, 50, 70, 96, 116
externe/interne : 12, 44, 69, 77

film d'entreprise : 75

grève : 84, 99, 108

hiérarchie, hiérarchique : 14, 17, 18, 20, 23, 27, 32, 50, 57, 60, 69, 91, 112

international, internationalisation : 11, 17, 119, 122
Internet : 66, 74
Intranet : 31, 66, 116

journal interne : 31, 48, 49, 67, 82, 104, 108
journal téléphoné : 71

livret d'accueil : 47, 85

management, managérial : 7, 14, 20, 27, 28, 30, 36, 46, 50, 91 motivation : 14, 29, 52, 61, 87

note flash : 117
note de service : 19, 45

organigramme : 14, 48

panneau d'affichage, affiche : 21, 48-50, 90
projet d'entreprise : 26, 49, 53, 56
proximité : 52, 66, 111

revue de presse : 43, 65
réunion : 27, 35, 36, 52, 57, 73, 115
rumeur : 18, 53

service public : 113
syndicat, syndical : 21, 52, 54, 91, 110, 111

téléconférence : 108
téléréunion : 57, 73, 74

UJJEF : 38, 96, 108

veille sociale : 78, 79, 107
vidéotransmission : 72, 73
visioconférence : 57, 73, 74

051341 - (I) - (3,5) - OSB 80° - PPC - API

Achevé d'imprimer sur les presses de
SNEL Grafics sa
Z.I. des Hauts-Sarts - Zone 3
Rue Fond des Fourches 21 – B-4041 Vottem (Herstal)
Tél +32(0)4 344 65 60 - Fax +32(0)4 286 99 61
Août 2007 – 42530

Dépôt légal : septembre 2007
Dépôt légal de la 1re édition : octobre 1998

Imprimé en Belgique